Poka-yoke

Mejorando la calidad del producto
Evitando los defectos

Originalmente publicado como **Pokayoke dai zukan**

© 1987 The Nikkan Kogyo Shimbun, Ltd., Tokyo

Edición en inglés: © 1988 Productivity Press, Inc.,

P.O. Box 13390,
Portland, OR 97232-0390
Fax (503) 235-0909

Título en español: **Poka-Yoke**

Traducción y revisión: Antonio Cuesta Alvarez

Copyright edición en español © 1991
Tecnologías de Gerencia y Producción, S. A.,
Marqués de Cubas, 25
28014 Madrid, Tel. 369-0279

ISBN: 84-87022-73-1
Depósito legal: M.-12198.-1991

Poka-yoke

Mejorando la calidad del producto
Evitando los defectos

Editado por
Nikkan Kogyo Shimbun, Ltd./Factory Magazine

Con un resumen de
Hiroyuki Hirano
Chairman of the Board,
JIT Management Laboratory Company, Ltd.

Prólogo de
Norman Bodek
Fundador, Productivity, Inc.

Productivity Press
Portland, Oregon / Norwalk, Connecticut

Poka-yoke

Mejorando la calidad del producto-Evitando los defectos

Contenido

Prólogo del Editor en Lengua Inglesa

"¿Cuál es el secreto? Es un misterio para mí. Nuestra fábrica es tan sofisticada como pueda ser la suya, pero, con todas estas innovaciones a nuestra disposición, continuamos produciendo defectos. No puedo creer todas esas estadísticas de partes por millón y cero defectos que nos llegan del Japón. Debe haber un truco. Con toda esa variabilidad de piezas provinientes de cientos de proveedores circulando a través de cincuenta procesos diferentes con un centenar de máquinas, es imposible no producir algunos defectos. Así, ¿cuál es la triquiñuela? ¿Dónde está el arma oculta?"

También usted puede estar un poco confuso y frustrado con el concepto del cero defectos y, por ahora, cansado y desconfiado respecto a todas esas historias sobre la calidad y la productividad en la fábrica japonesa.

Nuestra compañía patrocina misiones de estudio de personas de producción que visitan fábricas japonesas para aprender esos métodos que han ayudado a reconformar el orden económico internacional. Deseo que conozca que en nuestras visitas a aproximadamente 200 diferentes plantas japonesas en estos pasados diez años, hemos visto con nuestros propios ojos los gráficos de calidad y la multitud de simples mecanismos poka-yoke utilizados para evitar la ocurrencia de defectos. No es *un* mecanismo, sino la aplicación de cientos y millares de estos simples mecanismos "a prueba de errores" los que día tras día han producido el milagro de la calidad del Japón. Cada uno es relativamente simple; algo que fácilmente puede hacer uno por sí mismo. Es el conjunto, los cientos de mecanismos, lo que es admirable contemplar.

En una línea de producción de máquinas de lavar hemos visto alrededor de 300 pequeños mecanismos, cada uno de ellos diseñado bien para parar la línea antes de que ocurra un defecto, bien para indicar a un operador que se acerque rápidamente a examinar un problema potencial.

Hemos visto muchos sensores alineados para inspeccionar el cien por cien del trabajo. Cada operación singular se verifica antes de mover la pieza. Estos chequeos normalmente detectan los errores antes de que ocurra el defecto. Y muchos de estos mecanismos se han pensado e instalado por los propios trabajadores.

Como pensamos que continuará excéptico a menos que lo vea por usted mismo, le dedicamos este libro a usted, fabricante norteamericano —director, supervisor o trabajador de línea— y le recomendamos que revise cada dibujo, cada ejemplo, y que compruebe que estos simples mecanismos pueden absolutamente evitar los defectos.

Estamos en deuda con Shigeo Shingo por perfeccionar la metodología del poka-yoke y con los numerosos directores de fábrica y trabajadores que han remitido sus ideas a Nikkan Kogyo Shimbun para su publicación.

El concepto del poka-yoke es demasiado significativo como para limitarlo a los departamentos de diseño o ingeniería apartados de la experiencia diaria en el suelo de la fábrica. Esperamos que este libro será estudiado seriamente y empleado con diligencia en grupos de estudio por trabajadores de línea y supervisores. Ha sido diseñado con el intento de implicar a los empleados, en cada nivel, en el proceso de eliminar todos los defectos de la producción. Esperamos que la industria americana utilizará amplia y rápidamente estas ideas que les ayudarán a conseguir para sus compañías un status de primera clase mundial.

Me complace agradecer a Karen Jones y Nils Davis su trabajo editorial en *Poka-yoke,* y a Rosemary Winfield por su copia de la edición; a Karen Jones por los índices; y Esmé McTighe y Gail Graves por la producción. La cubierta ha sido diseñada por Gail Graves. El interior ha sido diseñado por Susan Cobb y compuesto por Michele Seery y Caroline Kutil de Rudra press, Cambridge, Massachusetts.

Norman Bodek
Presidente
Productivity, Inc.

Prólogo

Hay tres técnicas de inspección principales en el campo del control de la calidad:

1. *Inspecciones evaluativas.*–Separan los productos defectuosos de los buenos después del proceso. Evitan que los defectos se envíen a los clientes, pero no reducen la tasa de defectos de la compañía.

2. *Inspecciones informativas.*–Investigan las causas de los defectos y retrotraen esta información al proceso apropiado de forma que pueda adoptarse acción para reducir la tasa de defectos.

3. *Inspecciones en la fuente.*–Un efecto es un resultado, o un *efecto*, usualmente causado por un simple error. A través de las inspecciones 100 por cien en la fuente, el error puede corregirse antes de que se transforme en defecto. Puede entonces lograrse el "Defectos = Cero".

El control estadístico del proceso (SPC) se desarrolló en Estados Unidos. Las actividades SPC se basan en la premisa de que la inspección al 100 por cien es abrumadora y consumidora de tiempo y puede ser adecuadamente reemplazada por la inspección por muestreo y la estadística. Pero la estadística no es más que una conjetura cualificada. Como consecuencia de que siempre hay alguna discrepancia con la realidad, se tolera un cierto nivel de defectos. Sin embargo, en un sistema de Control de Calidad Cero (ZQC), la inspección al 100 por cien se realiza a través del poka-yoke, un enfoque que es barato y requiere poco esfuerzo.

La inspección informativa aparenta ser efectiva, pero como el ciclo de chequeo –"feedback"– acción no comienza hasta después de ocurrir el defecto, esencialmente tolera la existencia del mismo. El SPC es meramente una herramienta del *control* de calidad; no puede eliminar la fuente de los defectos. Se ha dicho que no hay control de calidad sin gráficos de control, pero los gráficos de control solamente ayudan a mantener la tasa de defectos aceptada; no ayudan a reducir a cero los defectos.

El Control de Calidad Cero tiene tres componentes que conducen a la eliminación de defectos:

1. *Inspección en la fuente* Chequeo de los factores que causan errores, no de los defectos resultantes.

2. *Inspección al 100 por cien.* Uso de baratos mecanismo poka-yoke (a prueba de errores) para inspeccionar automáticamente errores o condiciones operativas defectuosas.

3. *Acción inmediata.* Las operaciones se paran instantáneamente cuando se comete un error y no se reasumen hasta que se corrige.

Conjuntamente, son los elementos clave del "Control de Calidad Cero", un sistema que puede conducir a "Defectos = Cero" cuando se aplican cuidadosamente*. En particular, los mecanismo poka yoke juegan un rol principal en el ZQC como herramientas de inspección al 100 por cien. Los ejemplos de este libro muestran técnicas simples, efectivas, baratas, para eliminar o al menos reducir los defectos y los errores que los producen. Como inventor del poka-yoke, me complacerá ver que estas ideas se implantan en las fábricas USA como herramientas para alcanzar el cero defectos . Me gustaría concluir enfatizando una vez más que el poka-yoke debe entenderse claramente como una herramienta para alcanzar el Control de Calidad Cero.

Las tres características del Control de Calidad Cero pueden ponderarse en su importancia como sigue:

Inspección en la fuente	*60 por ciento*
Inspección al 100 por cien (poka-yoke)	*30 por ciento*
Acción inmediata	*10 por ciento*

Como puede verse, la inspección en la fuente es la función más importante, con una inspección al 100 por cien, utilizando el poka-yoke como una herramienta para alcanzar este objetivo. Por favor, mantenga en su pensamiento esta prioridad conforme revise los casos presentados en este libro y los aplique en su propia área de trabajo.

Shigeo Shingo

Véase Shigeo Shingo, *Tecnologías para el cero defectos: Inspecciones en la fuente y el sistema poka-yoke.* (Tecnologías de Gerencia y Producción, S. A. Madrid, 1990).

Introducción

No hace mucho tiempo se publicó un pequeño diccionario de inglés para estudiantes japonesas para uso en estudio y exámenes. Para estimularles en sus esfuerzos, tenía impreso una nota destacada en la que se podía leer: "Una persona es un animal que olvida. ¡Aprenda más que lo que olvida!"

El hecho es que los seres humanos son muy olvidadizos y tienden a cometer errores. Demasiado a menudo regañamos a otros por cometer errores. Especialmente en el trabajo, esta actitud no solamente desestimula a los trabajadores y reduce su moral; además, no resuelve el problema. *Poka-yoke* es una técnica para evitar los simples errores humanos en el trabajo.

¿Qué es Poka-yoke?

Aunque el concepto de poka-yoke ha existido durante mucho tiempo de diversas formas, ha sido el ingeniero de producción japonés Shigeo Shingo quien desarrolló la idea en una herramienta formidable para alcanzar el cero defectos y, eventualmente, *eliminar* las inspecciones de control de calidad'. Los métodos que propuso fueron formalmente denominados "a prueba de tontos" ("fool-proofing"). Reconociendo que esta etiqueta podría ofender a muchos trabajadores, Shingo terminó proponiendo el término poka-yoke, generalmente traducido como "a prueba de errores" o "de fallos" ("fail-safing") (evitar *(yokeru)* errores inadvertidos *(poka))*. La idea que reposa detrás del poka-yoke es respetar la inteligencia de los trabajadores. Asumiendo las tareas repetitivas o acciones que dependen de la memoria, el poka-yoke puede liberar el tiempo y mente de un trabajador para que así se dedique a actividades más creativas o que añaden valor.

Muchas son las cosas que pueden ir mal en un entorno de trabajo; cada día hay oportunidades para cometer errores que resultarán en productos defectuosos. Los defectos son despilfarro y, si no se descubren, frustran las espectativas del cliente sobre la calidad. Detrás del poka-yoke está la convicción de que no es aceptable producir incluso un pequeño número de artículos defectuosos. Para llegar a ser un competidor de clase mundial, una compañía debe adoptar no solamente la filosofía sino la *práctica* de producir con cero defectos. Los métodos poka-yoke son conceptos simples para alcanzar este objetivo.

Tipos de mecanismos poka-yoke

En este libro, "poka-yoke" se emplea en un sentido amplio para describir mejoras originadas por los trabajadores que incorporan uno o más de los componentes principales del sistema de Control de Calidad Cero de Shingo:

1. Inspección en la fuente para detectar errores en donde se producen, antes de que causen defectos. Un ejemplo es un vástago de posicionamiento adicional que evita desalineamientos de la pieza de trabajo.
2. Inspección al 100% de defectos utilizando un mecanismo sensible barato, tal como un conmutador de límite.
3. Acción inmediata para parar las operaciones cuando se detecta un error, tal como un circuito interconectado que automáticamente bloquea la máquina.

Por supuesto, la primera técnica —evitar el defecto la primera vez— es la más efectiva, pero mecanismos para captar los defectos e inmediatamente parar la acción son también parte valiosa del proceso de reducción de defectos. Aplicaciones de muchos de estos mecanismos se muestran en las páginas que siguen; véase también el libro del Dr. Shingo, *Tecnologías para el cero defectos: Inspecciones en la fuente y el sistema poka-yoke,* para descripciones de los mecanismos en sí.

Los ejemplos también incluyen mejoras que propiamente pueden denominarse cambios de diseño; alteraciones que van más allá de las mejoras de máquinas y procesos para afectar la forma del producto en sí. Muchos de estos cambios son extremadamente simples, tales como eliminar orificios no usados en una placa de circuitos para evitar errores en la inserción de circuitos. Sin embargo, en muchas compañías la función del diseño se ha realizado tradicionalmente casi exclusivamente por ingeniería o diseño. Aunque generalmente estos departamentos toman en consideración factores de producción, a menudo los productos necesitan pasar por diversas fases de refinamiento o rediseño. Dentro del espíritu del poka-yoke, el proceso de refinamiento del diseño debe incorporar las experiencias de los trabajadores de producción, puesto que están en la mejor disposición para descubrir elementos del diseño que causan dificultades y sirven a funciones que no añaden valor.

No precisa usted una fábrica altamente automatizada para obtener beneficios de las ideas expuestas aquí. Estos mecanismos pueden ser tan simples y baratos como un vástago interferente para una plantilla o un conmutador de límite que señale el emplazamiento correcto de la pieza de trabajo. Tampoco los mecanismos hacen innecesario el entrenamiento de los trabajadores. Algunos, como el patrón de cableado codificado en colores, simplemente asisten al trabajador a realizar la tarea correctamente. Otros, tales como un contador, o una alarma que señala un defecto, requieren que un trabajador adopte alguna acción de respuesta. Estrictamente hablando, estas últimas innovaciones no son enteramente "a prueba de errores", puesto que para ser efectivas dependen de que el trabajador voluntariamente responda en forma apropiada. Sin embargo, cuando los empleados están motivados e interesados en mejorar el proceso o el producto, tales útiles mecanismos pueden reducir significativamente el número de errores y, por tanto, se incluyen aquí.

La responsabilidad de una exitosa campaña de "Cero defectos" últimamente recae en la dirección. Los líderes de la compañía deben ellos mismos tener una visión de la calidad que la compañía puede producir, y deben crear una cultura de compañía y entorno que motiven a los empleados a través de toda la compañía a hacer suya esa misma visión. Esto puede significar otorgar tiempo y recursos a equipos de trabajo que analicen problemas. Puede significar instituir un sistema de sugerencias basado en incentivos para estimular a los trabajadores a resolver problemas que causen defectos**. Al nivel más básico, significa reconocer el *expertise* inherente del personal que hace el trabajo y crear canales a través de los cuales pueden expresar este conocimiento y, sobre todo, mantener una atmósfera en la que ellos *deseen* expresarlo en beneficio de la compañía.

Sobre este libro

Los 240 ejemplos de mejoras poka-yoke de este libro han sido creados e implantados por personal de más de 100 fábricas japonesas, siendo compilados por el staff de Nikkan Kogyo Shimbun, Ltd., de una serie originalmente aparecida en la revista *Factory*. Muchas industrias están representadas aquí, incluyendo compañías que producen, de los productos más vendidos mundialmente, radios de automóviles, componentes de automoción, computadoras, cámaras fotográficas y otros. La primera sección del libro, presentada en el estilo de caricaturas utilizado en Japón, tanto para comics como para temas serios, resume muchos de los conceptos de las principales características del poka-yoke.

Los ejemplos están organizados de acuerdo con las amplias categorías de temas o problemas a los que se refieren. Además de esta clasificación, se han previsto algunas ayudas. El índice de mecanismos y métodos puntualiza los ejemplos según su uso de mecanismos poka-yoke específicos. El índice de operaciones y problemas y el índice de piezas y productos le ayudarán a encontrar ideas que han eliminado defectos en un tipo particular de trabajo o producto.

Sea usted un director, un ingeniero, un supervisor o un trabajador, estos ejemplos despertarán su imaginación para planificar e implantar sistemas de prevención de errores en su entorno de trabajo. Esperamos que ustedes —personas o grupos de estudio— activamente analizarán, utilizarán, copiarán, adaptarán, multiplicarán y mejorarán las ideas expuestas aquí. Hemos añadido un formato en blanco al final de los ejemplos para que, fotocopiado, esquematice en él sus propias ideas.

"Una persona es un animal que comete errores. por tanto, debemos practicar más poka-yoke que errores cometemos".

---

* Para más información sobre la historia y elementos del sistema de Control de Calidad Cero, véase Shigeo Shingo, *Tecnologías para el cero defectos: Inspecciones en la fuente y el sistema poka-yoke*. Tgp, S. A. Madrid, 1990 (teléf. 5531937). Versión inglesa de Producvity Press.
** Para guía en el desarrollo de un activo sistema de sugerencias que estimule la implicación creativa de sus empleados en la reducción de defectos así como en la reducción de costes y otros objetivos, véase *The Idea Book: Improvement Througt TEI (Total Employee Involvement)*, Cambridge, Ma: Productivity Press, 1988. Este es el único libro en lengua inglesa sobre el sistema de sugerencias "para mejora continua *(teian)*, ampliamente utilizado en compañías japonesas. no solamente para mejorar la posición competitiva generando e implantando un gran número de ideas, sino también para construir un entorno fuerte, participativo. que respete la inteligencia y creatividad de los trabajadores.

Resumen del Poka-yoke

Hiroyuki Hirano

JIT Management Laboratory Company, Ltd.

Una fábrica moderna con éxito

- ¿Tiene Vd. una compañía «orientada al cliente»?

Todo sobre defectos

- ¿Son inevitables los defectos?
- ¿Es realmente la inspección por muestras el mejor método?
- El usuario es el mejor inspector
- Tres estrategias para el cero defectos
- Hay diferentes clases de errores
- También hay diferentes clases de defectos
- Los cinco elementos de la producción
- ¿Cuáles son las fuentes de los defectos?

Todo sobre Poka-yoke

- ¿Cuáles son los cinco mejores Poka-yoke?
- Las funciones básicas del Poka-yoke
- Sugerencias Poka-yoke
- Mecanismos de detección usados en el Poka-yoke
- Típicos ejemplos de Poka-yoke

Logro de la fabricación con cero defectos, a prueba de errores, a través del Poka-yoke

- Los ocho principios de mejora básica para el poka-yoke y el cero defectos
- Un esfuerzo de cero defectos, a prueba de errores en toda la compañía
- Estrategias para el cero defectos en fábricas

Una fábrica moderna con éxito

"Los errores no advertidos incrementan el trabajo".

Para sobrevivir en la atmósfera competitiva de la moderna fabricación, una compañía debe adherirse estrictamente a los estánda-res. Mientras debe satisfacerse a los clientes con todos los aspectos del producto o servicio, la compañía debe aún obtener beneficios y proteger a sus trabajadores. En una compañía moderna con éxito:

Precio de venta = precio de mercado.
Vender a un precio que los consumidores estén dis-puestos a pagar.

Diversidad = muchas clases de productos en pequeñas cantidades.
Hacer sólo lo que necesitan los clientes.

Calidad = lo más elevada posible.
Hacer productos que satisfarán a los clientes.

Entrega = siempre a tiempo.
Cumplir siempre los plazos de entrega.
Entregar los productos justo cuando los necesiten los clientes.

Coste = coste unitario mínimo.
Producir al menor coste posible mientras se satisfa cen las necesidades del cliente.

Seguridad = siempre lo primero.
Productos seguros hechos con seguridad

¿Tiene usted una compañía "orientada al cliente"?

Un fabricante que fabrica productos para satis-
facer a los clientes está "orientado al cliente" o "de afuera-adentro". Por otro lado, una
fábrica que hace productos que se fuerzan en
el mercado está "orientada al productor" o
"adentro-afuera". En la economía competitiva de
hoy, una compañía debe estar orientada al cliente para tener éxito. ¿Cómo son las cosas en
su fábrica?

R & D, MARKETING,
IMAGEN CORPORATIVA

VENTAS

ASUME QUE LOS
PRODUCTOS DE HOY
NO SON BUENOS

DESARROLLA NUEVAS
TECNOLOGIAS

MEJORA IMAGEN

SE ESFUERZA EN
OFRECER PRODUCTOS
VENDIBLES

EVALUA CONTINUA-
MENTE LAS NECESI-
DADES DEL MERCADO

R & D CONTINUA
PAUSADA, ESTABLE

MEJORA LA IMAGEN
CORPORATIVA PARA
PROMOVER VENTAS

DESARROLLA PRODUC-
TOS BASADOS EN EN-
CUESTAS DE MERCADO

ESTRUCTURA DE UNA
FABRICA RENTABLE

ASUME QUE LA
PRODUCCION DE
HOY NO ES
BUENA

PROMUEVE LA
MEJORA DE LA
CALIDAD

REDUCE EL
DESPILFARRO

ELIMINA LOS
RETRASOS DE
ENTREGA

ADOPTA PEQUEÑOS
LOTES Y FLUJOS
PIEZA A PIEZA

FABRICA LA CALIDAD
EN LOS PROCESOS

TODOS TRABAJAN
EN ELIMINAR EL
DESPILFARRO

TRABAJAN EN RE-
DUCIR LOS PLAZOS
DE ENTREGA

PRODUCCION

TODOS PARTICIPAN

FABRICA

PROMOCION DE VENTAS, VIGOROSOS

SATISFACE LA DIVERSIDAD DE NECESIDADES

INVESTIGA Y DE-SARROLLA TECNOLO-GIAS UNICAS

REFORMA CANALES DISTRIBUCION

TIENE PLAN DESA-RROLLO PRODUCTO A LARGO PLAZO

HACE LOS PRODUC-TOS QUE QUIEREN LOS CLIENTES

QUE USAN NUEVAS TECNOLOGIAS

TIENEN BUENA IMAGEN

Y BUENA VENTA

MAXIMO

$$\text{PRECIO VENTA} - \text{COSTE UNITARIO} = \text{BENEFICIO} \quad \text{MAXIMO}$$

INCREMENTA DIVER-SIDAD, ADOPTA FLUJO MERCADO

TODOS TRABAJAN EN ELIMINAR ERRORES Y DEFECTOS

MEJORA CONSTANTE DE EFICIENCIA Y RENDIMIENTO

ENTREGAS J.I.T

FABRICA A BAJO COSTE

CON ELEVADA CALIDAD

LO QUE QUIEREN LOS CONSUMIDORES

CUANDO LO QUIEREN

MINIMO

EN ACTIVIDADES DE MEJORA

Todo sobre defectos

¿Son inevitables los defectos?

Hay dos enfoques para tratar los defectos.

* ¡Los errores son inevitables!

Las personas siempre cometen errores. Mientras tendemos a considerar los errores como algo natural, reprendemos a los que los cometen. Con esta clase de actitud, probablemente pasaremos por alto los defectos conforme ocurren en la producción. Podrán detectarse solamente en la inspección final o, peor aún, por el cliente.

* ¡Los errores pueden eliminarse!

Cualquier clase de equivocación puede reducirse e incluso eliminarse. Las personas cometen menos errores si se les apoya con el adecuado entrenamiento y por un sistema de producción basado en el principio de que los errores pueden evitarse siempre.

¿Es realmente la inspección por muestras el mejor método?

Un método de evitar los errores es la inspección. Hay dos tipos principales de inspección.

* Inspección por muestreo

Algunos directores de fábrica dicen: "Nos llevaría todo el día inspeccionar todos nuestros productos. Puede haber unos pocos defectos, pero el muestreo es aún la forma más práctica de verificación. Mantenemos nuestra calidad a un nivel medio de calidad (AQL) del 0,1 por ciento".

Pero esto significa que ¡un consumidor de cada mil tendrá un producto defectuoso! Para ese consumidor el producto es 100 por cien defectuoso, no un 0,1 por ciento defectuoso. La inspección por muestreo tiene sentido solamente desde el punto de vista del fabricante, no desde el punto de vista del consumidor.

* ¡La inspección al 100 por cien tiene pleno sentido!

En las mejores fábricas la actitud es. "¡No toleraremos un solo defecto! Organizaremos la producción de forma que el 100 por cien de los productos pueda inspeccionarse fácilmente. ¡Esto tiene pleno sentido!"

Actualmente, incluso un solo producto defectuoso es suficiente para destrozar la confianza de un cliente en la compañía. Para permanecer competitivos, una compañía debe suministrar buenos productos por decenas y centenas de miles sin un solo defecto. El mejor modo de conseguir esto es organizar la producción para inspeccionar el 100 por cien de los productos.

El usuario es el mejor inspector

Nadie se propone cometer equivocaciones. Pero mientras trabajamos, los defectos pueden surgir sin que lo advirtamos. Usualmente pensamos que estamos haciendo el trabajo bien, incluso mientras erróneamente montamos la pieza equivocada o taladramos un agujero en posición errónea. ¿Cómo podemos captar estos errores antes de que originen productos defectuosos?

* Encontrar defectos en el proceso siguiente

No esperamos encontrar defectos, pero si un producto no hace lo que se supone hace, conocemos que es defectuoso. Los usuarios son los mejores descubridores de defectos.

Como los procesos siguientes son también "usuarios" del producto que se fabrica, son también expertos encontrando defectos. Si los productos se fabrican en un flujo continuo, cada producto o pieza se envía al proceso siguiente tan pronto como se acaba y, por tanto, los defectos se encuentran inmediatamente.

Tres estrategias para el cero defectos

1. ¡No fabricar!

No fabricar productos que no se necesiten. Cuantos más productos se hagan de más, mayores oportunidades para defectos conforme permanecen en stock. Por tanto, seguir el principio "just-in-time" y hacer sólo lo necesario, cuando se necesite, y en las cantidades necesarias. Las muescas, roturas y demás decrecerán dramáticamente.

2. ¡Hacerlo para que resista cualquier uso!

El usuario es un experto encontrando defectos. por tanto, es importante introducir salvaguardias en el proceso de producción que aseguren que el producto podrá resistir cualquier uso. La calidad puede fabricarse en el producto por una plena utilización del *poka-yoke*, la *automatización* y la *estandarización del trabajo.*

3. Una vez que lo ha hecho, ¡úselo inmediatamente!

Si un producto no puede hacerse para resistir cualquier uso, entonces asegure que se usa tan pronto como sea posible utilizando la *producción en flujo continuo.*

Hay diferentes clases de errores

Casi todos los defectos están causados por errores humanos. Sin embargo, hay como mínimo diez clases de errores humanos.

1. *Olvidos:* Algunas veces olvidamos cosas cuando no estamos atentos. Por ejemplo, el jefe de estación olvida hacer descender la barrera del cruce. *Salvaguardas:* Alertar a los operarios con anticipación o chequear a intervalos regulares.

2. *Errores debidos a desconocimiento:* Algunas veces cometemos equivocaciones cuando llegamos a conclusiones erróneas antes de familiarizarnos con una situación. Por ejemplo, una persona que no ha utilizado un coche con transmisión automática, pisa en el freno pensando que es el embrague. *Salvaguardas: Entrenamiento, verificación anticipada, estandarización de los procedimientos de trabajo.*

3. *Errores de identificación:* Algunas veces juzgamos mal una situación porque la revisamos demasiado rápidamente o está demasiado alejada para verla bien. Por ejemplo, confundir el valor de dos billetes. *Salvaguardas:* entrenamiento, atención, vigilancia.

4. *Errores de inexperiencia:* A veces cometemos errores que se deben a la falta de experiencia. por ejemplo, un nuevo trabajador no conoce la operación o justo acaba de familiarizarse con ella. *Salvaguardas:* Entrenamiento, estandarización del trabajo.

5. *Errores voluntarios:* A veces ocurren errores debido a que decidimos ignorar las reglas bajo ciertas circunstancias. Por ejemplo, cruzar una calle con el semáforo en rojo porque no hay coches a la vista en ese momento. *Salvaguardas:* educación básica y experiencia.

6. *Errores por inadvertencia:* A veces estamos distraídos y cometemos equivocaciones sin darnos cuenta de lo que ocurre. Por ejemplo, alguien perdido en su propio pensamiento intenta cruzar la calle sin advertir que el semáforo está en rojo. *Salvaguardas:* Atención, disciplina, estandarización del trabajo.

7. *Errores debidos a lentitud:* Algunas veces cometemos errores cuando nuestras acciones se ralentizan por retrasos en el juicio. Por ejemplo, una persona que está aprendiendo a conducir es lenta en pisar el freno. *Salvaguardas:* Entrenamiento, estandarización del trabajo.

8. *Errores debidos a falta de estándares:* Ocurren algunos errores cuando no hay instrucciones apropiadas o estándares de trabajo. Por ejemplo, una medición puede dejarse a la discreción particular del trabajador. *Salvaguardas:* Estandarización del trabajo, instrucciones de trabajo.

9. *Errores por sorpresa:* A veces ocurren errores cuando el equipo opera de forma diferente a lo que se espera. Por ejemplo, una máquina puede funcionar defectuosamente sin dar muestras de anomalías. *Salvaguardas:* Mantenimiento productivo total, estandarización del trabajo.

10. *Errores intencionales:* Algunas personas cometen errores deliberadamente. Ejemplos son los sabotajes y crímenes. *Salvaguardas:* Educación fundamental, disciplina.

Las equivocaciones ocurren por muchas razones, pero casi todas ellas pueden evitarse si empleamos el tiempo necesario para identificar cuándo y porqué ocurren, y entonces adoptamos las acciones precisas para evitarlas empleando los métodos poka-yoke y las salvaguardas relacionadas anteriormente.

También hay diferentes clases de defectos

¿Qué clases de defectos son causados por errores humanos?

- *Ejemplo:* Superficies de corte llenas de rebabas.
  Causa: Alguno no ha reemplazado a su tiempo las
  herramientas de corte o los filos.
- *Ejemplo:* Disfunciones de la maquinaria originan defectos.
  Causa: Negligencia en las inspecciones regulares
  de la maquinaria.
- *Ejemplo:* Errores de proceso originan defectos.
  Causa: Alguien ha confundido la pieza de
  trabajo de un tipo con otra de otro tipo.

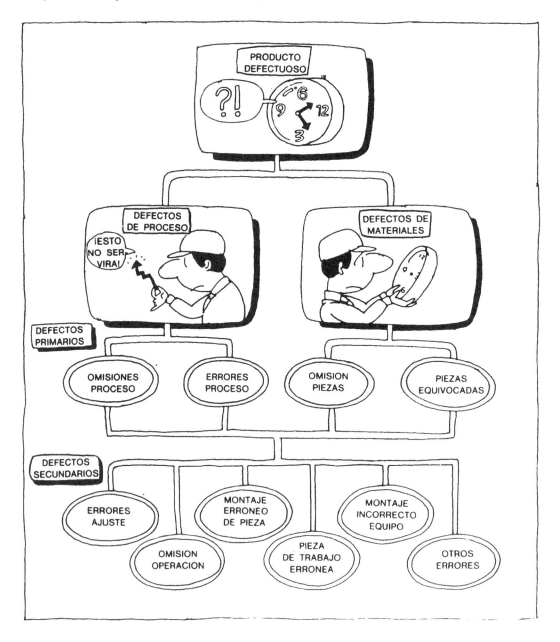

Los cinco elementos de la producción

Cada día de trabajo en una fábrica está dedicado a producir artículos aptos para las necesidades de los clientes. Clasifique las actividades diarias en una fábrica y encontrará que: en respuesta a las instrucciones de trabajo *(Información)*, se seleccionan piezas y materiales *(Materiales)* que se montan en máquinas y equipo *(Maquinaria)*, donde trabajadores *(MO)* realizan operaciones de acuerdo con los procedimientos operativos establecidos *(Métodos)*.

Estos cinco elementos (4M y 1I) determinan cuándo un producto se ha fabricado correctamente o se ha hecho un defecto. Los productos libres de defectos se aseguran por medio de controles en cada una de estas áreas.

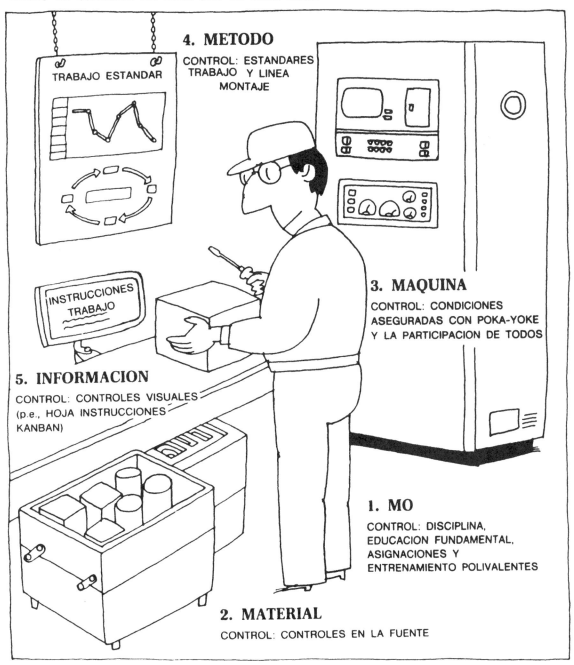

4. METODO
CONTROL: ESTANDARES TRABAJO Y LINEA MONTAJE

TRABAJO ESTANDAR

3. MAQUINA
CONTROL: CONDICIONES ASEGURADAS CON POKA-YOKE Y LA PARTICIPACION DE TODOS

INSTRUCCIONES TRABAJO

5. INFORMACION
CONTROL: CONTROLES VISUALES (p.e., HOJA INSTRUCCIONES KANBAN)

1. MO
CONTROL: DISCIPLINA, EDUCACION FUNDAMENTAL, ASIGNACIONES Y ENTRENAMIENTO POLIVALENTES

2. MATERIAL
CONTROL: CONTROLES EN LA FUENTE

¿Cuáles son las fuentes de los defectos?

Hay varios tipos de defectos. En orden de importancia son:

1. Procesos omitidos.
2. Errores de proceso.
3. Errores de montaje de piezas en máquina.
4. Piezas omitidas.
5. Piezas equivocadas.
6. Proceso de pieza equivocada.
7. Operación defectuosa.
8. Error de ajuste.
9. Equipo no montado apropiadamente (montaje defectuoso).
10. Utiles y plantillas mal preparados.

¿Cuáles son las conexiones entre estos defectos y los errores que comete el personal?

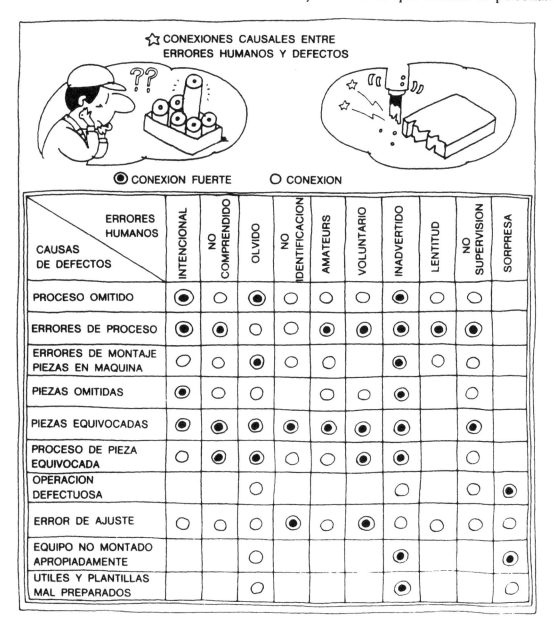

☆ CONEXIONES CAUSALES ENTRE ERRORES HUMANOS Y DEFECTOS

◉ CONEXION FUERTE   ○ CONEXION

CAUSAS DE DEFECTOS \ ERRORES HUMANOS	INTENCIONAL	NO COMPRENDIDO	OLVIDO	NO IDENTIFICACION	AMATEURS	VOLUNTARIO	INADVERTIDO	LENTITUD	NO SUPERVISION	SORPRESA
PROCESO OMITIDO	◉	○	◉	○	○	○	◉	○	○	
ERRORES DE PROCESO	◉	◉	○	○	◉	◉	◉	◉	◉	
ERRORES DE MONTAJE PIEZAS EN MAQUINA	○	○	◉	○	○		◉	○	○	
PIEZAS OMITIDAS	◉	○	○		○	○	◉		○	
PIEZAS EQUIVOCADAS	◉	◉	◉	◉	◉	◉	◉		◉	
PROCESO DE PIEZA EQUIVOCADA	○	◉	◉	○	○	◉	◉		○	
OPERACION DEFECTUOSA			○				○		○	◉
ERROR DE AJUSTE	○	○	○	◉	○	◉	○	○	○	○
EQUIPO NO MONTADO APROPIADAMENTE			○				◉			◉
UTILES Y PLANTILLAS MAL PREPARADOS			○				◉			○

Todo sobre Poka-yoke

¿Cuáles son los cinco mejores Poka-yoke?

Los errores humanos usualmente lo son por inadvertencia. Los mecanismos poka-yoke nos ayudan a evitar los defectos, incluso aunque inadvertidamente se cometan errores. Los poka-yoke ayudan a fabricar la calidad en el proceso.

Aquí mostramos cinco ejemplos de poka-yoke para detectar o evitar defectos causados por errores humanos.

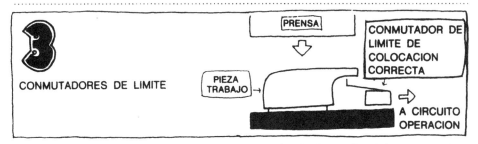

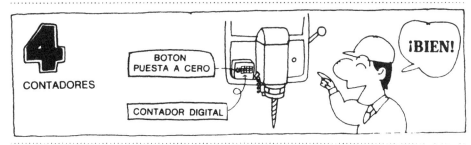

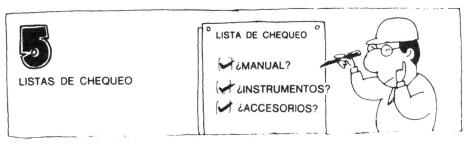

Las funciones básicas del Poka-yoke

Un defecto existe en dos estados: está a punto de
ocurrir, o ha ocurrido ya. El poka-yoke emplea
tres funciones básicas contra los defectos:
parada, control y aviso. El reconocimiento de
que un defecto está a punto de ocurrir se denomina
"predicción", y reconocer que un defecto ha
ocurrido ya se denomina "detección". El diagrama
siguiente muestra la relación entre los dos
estados posibles de los defectos y las tres
funciones del poka-yoke.

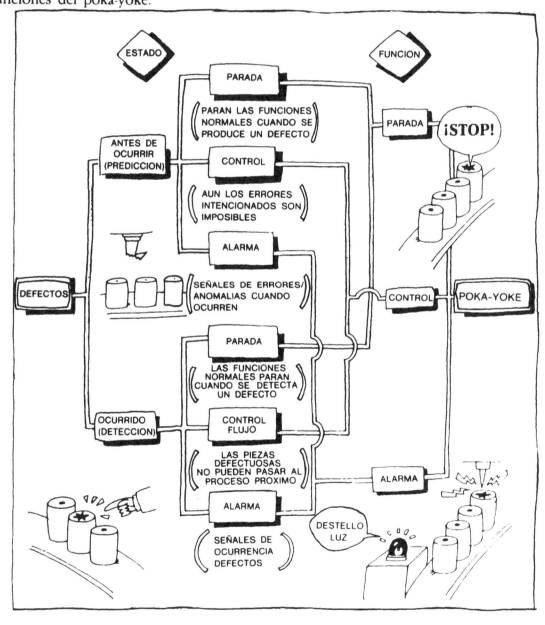

Sugerencias Poka-yoke

 IDENTIFICAR ITEMS POR SUS CARACTERISTICAS

● DE PESO

ESTABLECER ESTANDARES DE PESO. USAR BALANZA O ESCALA PARA IDENTIFICAR PIEZAS DEFECTUOSAS

● POR DIMENSIONES

ESTABLECER ESTANDARES PARA LONGITUD, ANCHURA, DIAMETRO, ETC. IDENTIFICAR DIVERGENCIAS CON LOS ESTANDARES USANDO TOPES EN PLANTILLAS, CONMUTADORES DE LIMITE, ETC.

● POR SU FORMA

ESTABLECER ESTANDARES PARA CARACTERISTICAS DE FORMA TALES COMO ANGULOS, DEPRE- SIONES, SALIENTES, CURVA- TURA, O POSICIONES DE AGUJEROS. IDENTIFICAR DI- VERGENCIAS CON ESTANDARES CON CONMUTADORES DE LIMITE, VASTAGOS DE POSICION EN PLANTILLAS, PIEZAS INTER- FERENTES EN RAMPAS, ETC.

DETECTAR DESVIACION DE PROCEDIMIENTOS O PROCESOS OMITIDOS

DETECTAR DESVIACIONES DE VALORES FIJADOS

● METODO DE SECUENCIA DE PROCESOS

EL TRABAJO SIGUIENTE NO PUEDE REALIZARSE SI LAS OPERACIONES DE LA MAQUINA O EL TRABAJADOR DURANTE UN PROCESO NO SIGUEN LOS PROCEDIMIENTOS ESTANDARES

PROCEDIMIENTO INCORRECTO

CORTE   DOBLADO

NO PUEDE TALADRARSE DESPUES DEL DOBLADO

● METODO SECUENCIA PROCESO A PROCESO

LAS OPERACIONES NO PUEDEN REALIZARSE SI SE HA OMITIDO ALGUNO DE UNA SERIE DE PROCESOS Y NO SE HAN SEGUIDO LOS PROCEDIMIENTOS REGULARES

¡HEMOS DEJADO PIEZAS FUERA!

● USO DE UN CONTADOR

SE USA COMO REFERENCIA UN NUMERO FIJO, TAL COMO NUMERO DE OPERACIO- NES O PIEZAS. SI EL NUMERO ACTUAL DIFIERE DEL REFERENTE, SUENA UNA ALARMA

PASADO 0007 FALLO

● METODO DE PIEZAS SOBRANTES

CUANDO UN NUMERO DE PIEZAS SE MONTAN COMO UN LOTE, SE PREPARA EL NUMERO EXACTO DE PIEZAS NECESARIAS. CUANDO SE COMPLETA EL LOTE, UN SOBRANTE DE PIEZAS INDICA UN ERROR

PIEZAS SOBRANTES

● DETECCION DE CONDICION CRITICA

UNA CONDICION DE FABRICACION CRITICA, TAL COMO PRESION, CORRIENTE, TEMPERATURA O TIEMPO, SE MIDE. EL TRABAJO NO PUEDE PROCEDER SI EL VALOR ESTA DENTRO DE UN RANGO PREDETERMINADO

Mecanismos de detección usados en el poka-yoke

Pueden usarse una amplia variedad de mecanismos para detectar errores y defectos. Los detectores usados para el poka-yoke pueden dividirse entre los que contactan con la pieza a verificar y los que no contactan con la misma.

• Mecanismos de contacto

Los *conmutadores de límite* y los *microcomputadores* son los mecanismos de detección más frecuentemente usados en el poka-yoke. Pueden detectar la presencia de items tales como piezas de trabajo, útiles o herramientas de corte y son muy flexibles. Los conmutadores de límite pueden emplearse para asegurar que un proceso no comienza hasta que la pieza de trabajo está en la posición correcta, por ejemplo, o pueden usarse para parar un proceso si la pieza de trabajo tiene una forma errónea.

Hay otros muchos mecanismos de detección por contacto utilizados en el poka-yoke, tales como conmutadores de proximidad, sensores de posición, sensores de desplazamiento, sensores de paso de metal, y una variedad de instrumental químico.

FORMA	TIPO	MOVTO DESPUES OPERACION	MOVTO ANTES DE OPERACION	FUERZA REQUERIDA	IMPACTOS VIBRA- CIONES	CARACTERISTICAS
	BOTON EMPUJADOR	PEQUEÑO	PEQUEÑO	GRANDE	EXCELENTE	APROPIADO PARA OPERACIONES LINEALES Y DE CARRERA CORTA. DETECTA POSICIONES CON LA MAS ELEVADA PRECISION PORQUE EL MECANISMO DE ACCION INSTANTANEA SE ACTIVA DIRECTAMENTE POR BOTON EMPUJADOR. SIN EMBARGO, TIENE EL MOVIMIENTO MINIMO DESPUES DE LA OPERACION Y REQUIERE UN PARADOR CONFIABLE.
	RODILLO-BOTON DE EMPUJE MONTADO EN PANEL	PEQUEÑO	GRANDE	GRANDE	ACEPTABLE	APROPIADO PARA LEVAS O GUIAS DE MOVIMIENTO RAPIDO.
	PALANCA ARTICULADA	GRANDE	MEDIO	PEQUEÑO	ACEPTABLE	OPERA CON UNA PEQUEÑA FUERZA. APROPIADO PARA USO CON LEVAS O GUIAS DE BAJA VELOCIDAD. TIENE UN LARGO RECORRIDO. PUEDEN USARSE PALANCAS DE VARIAS FORMAS PARA ENCAJAR CON LAS FORMAS A DETECTAR.
	PALANCA-RODILLO ARTICULADA	GRANDE	MEDIO	PEQUEÑO	ACEPTABLE	PUEDE USARSE CON LEVAS O GUIAS DE ALTA VELOCIDAD. LA FUERZA NECESARIA PARA OPERAR EL BOTON DE EMPUJE DEPENDE DE LA RAZON DE PALANCA. TIENE UN LARGO RECORRIDO.
	PALANCA-RODILLO ARTICULADA OPERANDO EN UNA DIRECCION	MEDIO	MEDIO	MEDIO	ACEPTABLE	PUEDE OPERARSE POR UN CUERPO QUE SE MUEVE SOLAMENTE EN UNA DIRECCION. SI LA FUERZA SE APLICA EN LA DIRECCION OPUESTA, LA PARTE DEL RODILLO SE PLIEGA Y RESULTA INOPERANTE.
	RESORTE DE HOJA-RODILLO	MEDIO	MEDIO	MEDIO	BUENO	TAMBIEN PUEDE USARSE CON LEVAS DE ALTA VELOCIDAD.

• Mecanismos sin contacto

Los *conmutadores fotoeléctricos* pueden manejar objetos transparentes, translúcidos y opacos, dependiendo de las necesidades. Hay dos tipos posibles de detección. En el tipo de *transmisión* se usan dos unidades; una emite un rayo de luz, la otra lo recibe. Este tipo puede estar normalmente en "on", lo que significa que el rayo no encuentra obstrucción, o en "off", lo que significa que el rayo no llega a la unidad receptora. El tipo *reflejante* de sensor responde ante la luz reflejada desde un objeto para detectar su presencia.

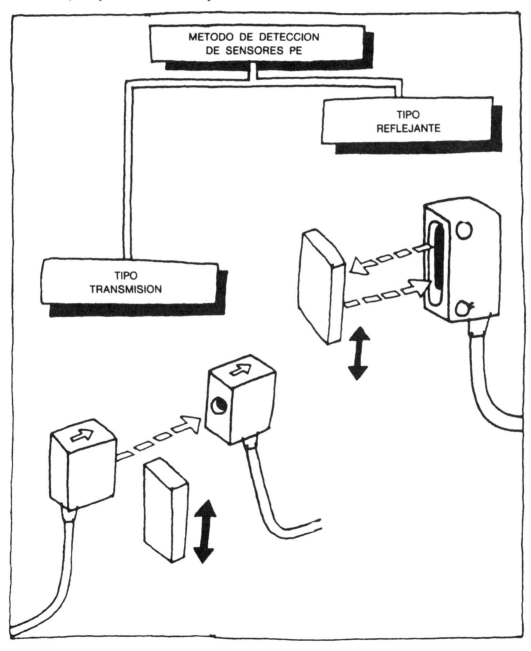

Típicos ejemplos de Poka-yoke

• **Omisiones de proceso**

OBJETO:	**EVITA ERRORES EN EL NUMERO DE AGUJEROS TALADRADOS**	CAUSA DEL EFECTO	**OMISION PASO DEL PROCESO**

PROBLEMAS: DEMASIADOS POCOS AGUJEROS TALADRADOS

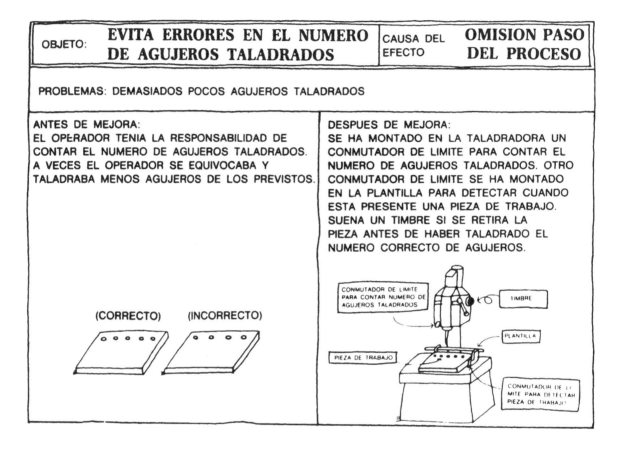

ANTES DE MEJORA:
EL OPERADOR TENIA LA RESPONSABILIDAD DE CONTAR EL NUMERO DE AGUJEROS TALADRADOS. A VECES EL OPERADOR SE EQUIVOCABA Y TALADRABA MENOS AGUJEROS DE LOS PREVISTOS.

(CORRECTO)   (INCORRECTO)

DESPUES DE MEJORA:
SE HA MONTADO EN LA TALADRADORA UN CONMUTADOR DE LIMITE PARA CONTAR EL NUMERO DE AGUJEROS TALADRADOS. OTRO CONMUTADOR DE LIMITE SE HA MONTADO EN LA PLANTILLA PARA DETECTAR CUANDO ESTA PRESENTE UNA PIEZA DE TRABAJO. SUENA UN TIMBRE SI SE RETIRA LA PIEZA ANTES DE HABER TALADRADO EL NUMERO CORRECTO DE AGUJEROS.

CONMUTADOR DE LIMITE PARA CONTAR NUMERO DE AGUJEROS TALADRADOS

TIMBRE

PLANTILLA

PIEZA DE TRABAJO

CONMUTADOR DE LIMITE PARA DETECTAR PIEZA DE TRABAJO

• Errores de proceso

OBJETOS: **EVITAR DEFECTOS EN TALADRADO AGUJEROS**	CAUSA DEL DEFECTO: **ERRORES DE PROCESO**

PROBLEMA: EN PROCESOS DE TALADRADO CON TALADRADORA, EL TALADRO A MENUDO SE RETRAIA ANTES DE COMPLETAR EL RECORRIDO. LOS DEFECTOS DE TALADRO RESULTANTES CAUSABAN PROBLEMAS EN EL MONTAJE.

ANTES DE MEJORA:

EL PROCEDIMIENTO CONSISTE EN HACER DESCENDER EL TALADRO HASTA TRASPASAR TODO EL ESPESOR DE LA PIEZA. A VECES EL TALADRO SE ELEVABA ANTES DE ALCANZAR LA PROFUNDIDAD APROPIADA, RESULTANDO AGUJEROS DEFECTUOSOS. DEPENDIA DE LA EXPERIENCIA E INTUICION DE LOS OPERARIOS PONDERAR CUANDO EL TALADRADO ERA APROPIADO. LOS AGUJEROS DEFECTUOSOS NO SE DESCUBRIAN HASTA LA FASE DE MONTAJE.

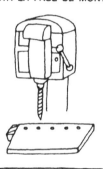

DESPUES DE MEJORA:

SE HAN MONTADO DOS CONMUTADORES DE LIMITE. SE ASUME QUE EL TALADRADO ES DEFECTUOSO SI EL CONMUTADOR 1 ESTA LIBRE MIENTRAS EL CONMUTADOR 2 CONTINUA ABIERTO. EN ESTE CASO SUENA UNA ALARMA PARA AVISAR AL OPERADOR.

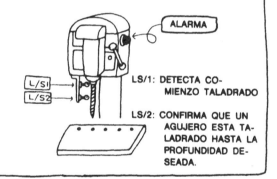

ALARMA

L/S1
L/S2

LS/1: DETECTA COMIENZO TALADRADO

LS/2: CONFIRMA QUE UN AGUJERO ESTA TALADRADO HASTA LA PROFUNDIDAD DESEADA.

• **Olvido de piezas**

OBJETO:
EVITAR LA OMISION
DE MANGUITOS

NATURALEZA
DEL DEFECTO: OMISION DE PIEZAS

PROBLEMA:
LOS MANGUITOS TENIAN QUE INSERTARSE DURANTE
LA FUNDICION, PERO A MENUDO SE OMITIAN. POR
ESTA RAZON SE PREVIO UN PROCESO ESPECIAL DE
INSPECCION Y SE REVISABAN TODOS LOS ITEMS,
PERO LOS CLIENTES CONTINUABAN QUEJANDOSE DE
LA FALTA DE ARANDELAS.

DESPUES DE MEJORA:
SE HA MONTADO UN SENSOR EN EL PROCESO DE
DESBARBADO SIGUIENTE A LA FUNDICION,
INTERCONECTADO CON EL CIRCUITO DE ENERGIA
DE LA PRENSA. LA PRENSA NO OPERA SI SE
HA OMITIDO EL MANGUITO. AL MISMO TIEMPO
SUENA UNA ALARMA Y LUCE UNA LAMPARA.

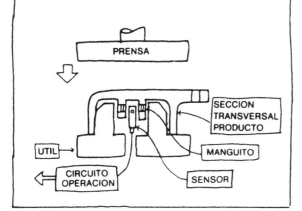

• **Errores en montaje piezas de trabajo**

OBJETO:
EVITAR DEFECTOS EN
TALADRADO DE AGUJEROS

CAUSA DEL   ERROR EN MONTAJE EN PO-
DEFECTO: SICION DE PIEZA DE TRABAJO

PROBLEMA:
EN PROCESOS DE TALADRADO CON TALADRADORA,
A MENUDO LA PIEZA SE POSICIONABA AL REVES,
LO QUE PRODUCIA POSICIONES INCORRECTAS DE
TALADRADO. LOS DEFECTOS NO SE DESCUBRIAN
HASTA EL MONTAJE.

DESPUES DE MEJORA:
SE HA MONTADO UN CONMUTADOR DE LIMITE EN
LA PLANTILLA PARA DETECTAR RANURAS
CORTADAS EN DOS LADOS DE LA PIEZA DE
TRABAJO. CUANDO LA PIEZA DE TRABAJO ESTA
COLOCADA AL REVES, EL CONMUTADOR DE
LIMITE SE ACTIVA Y LA MAQUINA NO PUEDE
OPERAR. SE HAN ELIMINADO POR COMPLETO
LOS DEFECTOS DE TALADRADO EN ESTE
PROCESO, CONSIGUIENDO EL CERO DEFECTOS.

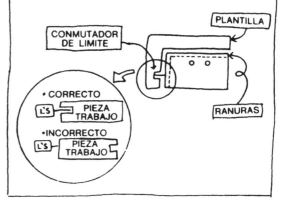

. **Plantillas inapropiadas, dañadas o pobremente diseñadas**

OBJETO:

EVITAR ERRORES DE MONTAJE AL MONTAR RAILES DE CAJONES EN LATERALES DE MUEBLES

CAUSA DEL DEFECTO: PLANTILLAS INADECUADAS

PROBLEMA:
EN EL PROCESO DE MONTAJE DE RAILES DE CAJONES EN LATERALES DE MUEBLES, OCURRIAN ERRORES CUANDO SE DESLIZABAN LAS PLANTILLAS DE MONTAJE, O CUANDO EL OPERADOR OLVIDABA INVERTIR LAS PLANTILLAS DE MONTAJE CUANDO CAMBIABA DEL LADO DERECHO AL IZQUIERDO.

DESPUES DE MEJORA:
LAS PLANTILLAS DE MONTAJE DE LOS RAILES DE CAJONES SE SUJETAN EN SU SITIO DE FORMA QUE NO PUEDEN DESLIZARSE. AL MISMO TIEMPO, LA PLANTILLA SE HA MODIFICADO DE FORMA QUE ES IMPOSIBLE MONTAR LOS RAILES DE CAJONES SIN INVERTIR LA PLANTILA PARA LOS LADOS DERECHO E IZQUIERDO.

LA PLANTILLA SE VOLTEA COMO LA PAGINA DE UN LIBRO

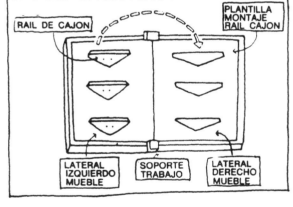

. **Uso de piezas equivocadas**

OBJETO:

EVITAR EL MONTAJE DE PIEZAS ERRONEAS

NATURALEZA DEL DEFECTO: MONTAJE DE PIEZAS ERRONEAS

PROBLEMA:
EN EL PROCESO DE MONTAJE, LOS MODELOS SE CAMBIABAN VARIAS VECES AL DIA, Y LOS OPERADORES MONTABAN A VECES LOS ITEMS EQUIVOCADOS.

DESPUES DE MEJORA:
SE HA CONSTRUIDO UN ESTANTE GIRATORIO DE PIEZAS. SOLO TIENE UNA VENTANA DE SALIDA. CUANDO SE APRIETA EL BOTON ESPECIFICO DE UN MODELO, SOLAMENTE QUEDAN DISPONIBLES LAS PIEZAS NECESARIAS PARA ESE MODELO PARTICULAR DESDE LA VENTANA DE ENTREGA. ESTO HACE IMPOSIBLE INSTALAR PIEZAS ERRONEAS, INCLUSO INCIDENTALMENTE.

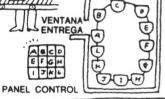

Logro de la fabricación con cero defectos, a prueba de errores, a través del Poka-yoke

Los ocho principios de mejora básica para el poka-yoke y el cero defectos

1. Construir la calidad en los procesos
Hacer imposible la fabricación de piezas defectuosas incluso aunque se cometa un error. El enfoque en este caso es la inspección al 100 por cien, utilizando salvaguardas poka-yoke en plantillas y procesos.

2. Pueden eliminar todos los errores y defectos inadvertidos
Debemos asumir que las equivocaciones no son inevitables. Donde hay una voluntad poderosa, puede encontrarse un modo para eliminar todos los errores y defectos.

3. Interrumpa el hacerlo mal, y comience a hacer lo correcto ¡ahora!
Elimine completamente los "peros" en proposiciones tales como "sabemos que no es correcto, pero..."

4. No piense en excusas, piense sobre cómo hacerlo bien
Más bien que pensar en excusas, piense sobre cómo pueden hacerse las cosas correctamente.

5. Un 60% de probabilidades de éxito es suficientemente bueno; ¡implemente su idea ahora!
En las mejoras, no hay necesidad de contemplar la perfección antes de acometer la acción. Analice la causa y piense en una solución. Si su solución tiene una probabilidad de éxito superior al 50%, trabaje en ella inmediatamente. Podrá cambiar su solución o introducir refinamientos adicionales basándose en los hechos que resulten de implantarla sin demora.

6. Las equivocaciones y defectos podrán reducirse a cero si todos trabajan juntos para eliminarlos

Los cero errores y cero defectos no pueden conseguirse por una sola persona. Es importante que cada uno en toda la compañía trabaje con los demás para eliminar errores y defectos.

7. Diez cabezas son mejor que una

El esfuerzo mental de una persona es importante, pero la visión y creatividad que se siguen de los esfuerzos de diez personas son más valiosos. El trabajo en grupo es la clave para las ideas de mejora efectivas.

8. Investigue la verdadera causa, usando las 5 W y una H

La ocurrencia de un defecto *no* exige más inspectores. En vez de esto, vaya a la raíz del problema para asegurar que la contramedida aplicada es una solución real, y no justamente una venda. Pregunte "¿Por qué ha ocurrido el defecto?" Y con la contestación que obtenga, pregunte "¿Por qué?" de nuevo. No se dé por satisfecho con las causas que le vengan a la mente con facilidad. Pregunte "¿Por qué?" al menos cinco veces para descubrir las raíces del problema. Solamente entonces pregunte "¿Cómo podemos resolverlo?", y ponga la solución en práctica.

Un esfuerzo de cero defectos, a prueba de errores en toda la compañía

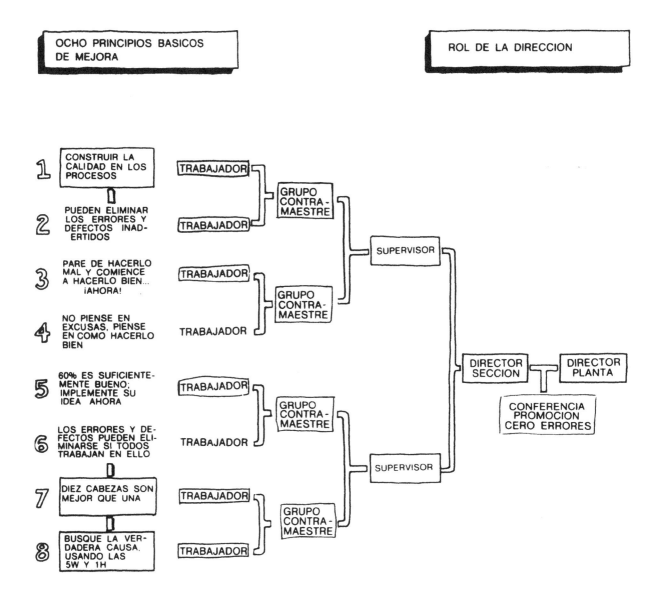

POLITICAS Y ESTRATEGIAS

INSPECCION
PARA
ELIMINAR
DEFECTOS

PARTICIPACION
TOTAL

EDUCACION Y
DISCIPLINA

POKA-YOKE

IDENTIFICAR
Y ESTUDIAR
PROBLEMAS

ORGANIZAR
EQUIPOS
CERO ERRORES

ADOPCION PLENA
SISTEMA
SEGURIDAD
CALIDAD

PROMOVER
POKA-YOKE
Y CERO DEFECTOS
EN TODA LA
COMPAÑIA

ESTABLECER
EN TODA LA
COMPAÑIA
OBJETIVOS ZD
Y SEGUIMIENTO

ENTRENAMIENTO
EN CERO
ERRORES

SUGERENCIAS
CERO
ERRORES

5S: SEIRI,
SEITON, SEISO,
SEIKETSU,
SHITSUKE

POLITICAS

FORMULAR
PLAN GLOBAL
COMPAÑIA

ESTABLECER
OBJETIVOS Y
SEGUIMIENTO

LISTA DE
CHEQUEO
CERO
ERRORES

CONSEGUIR
Y MANTENER
CERO DEFECTOS
A TRAVES DEL
POKA-YOKE
EN TODA LA
COMPAÑIA

TRABAJO EN
EQUIPO Y
PERMANECER
ACTIVOS

RODUCCION
EN LINEA
MONTAJE

STANDARIZACION
TRABAJO

ASIGNACIO
DE MULTIPLES
PROCESOS

CONTROLES
VISUALES

Las "cinco S" son conceptos clave en la organización industrial cuyas palabras en japonés empiezan por S. Son: *seiri* (organización), *seiton* (orden), *seiso* (el acto de limpiar), *seiketsu* (el estado de limpieza), y *shitsuke* (la práctica de la disciplina).

Estrategias para el cero defectos en fábricas

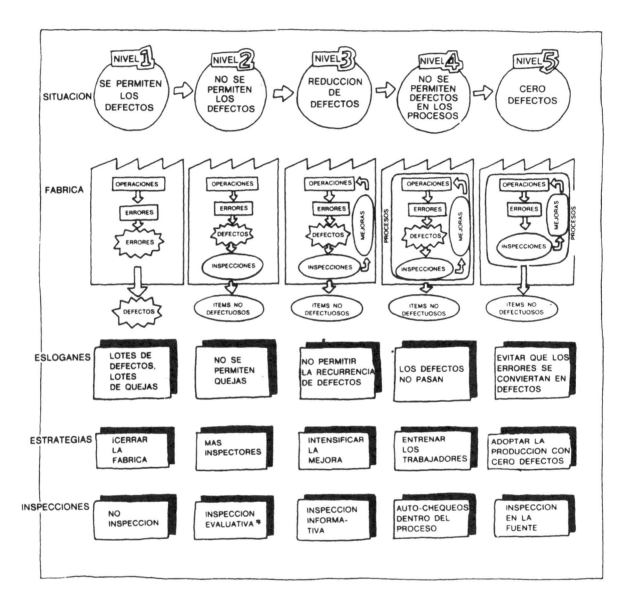

La inspección evaluativa es la comparación con un estándar; esto identifica los defectos, pero no los re
duce. Realizando un "feedback" al proceso, la inspección informativa puede reducir la tasa de defectos.
Una forma avanzada de inspección informativa es el auto-chequeo. A menudo utilizando mecanismos
poka-yoke, el auto-chequeo acorta el plazo de "feedback" descubriendo los defectos antes de que los
productos dejen el proceso. Las inspecciones en la fuente omiten la fase de "feedback" y captan los erro
res en la fuente evitando que se traduzcan en defectos la primera vez. Para más información sobre estos
conceptos, véase Shigeo Shingo, *Control de Calidad Cero: Inspección en la Fuente y el Sistema Poka
yoke*, Tecnologías de Gerencia y Producción, S. A.; Madrid, 1990.

240 ejemplos Poka-yoke

El poka-yoke elimina el despilfarro en las operaciones y las quejas de los clientes, y crea una fábrica rentable. Los 240 ejemplos de poka-yoke que siguen se han recogido de más de 100 compañías en 10 industrias diferentes, incluyendo electrónica, automóviles, cámaras fotográficas e industria pesada.

Errores de proceso

● *Ejemplo 1*

Proceso: Series de operaciones realizadas por un trabajador

Problema: Proceso omitido

Solución: Entrelazar operaciones

Prevención error:

Detección error: X

Parada: X

Control:

Alarma: X

Mejora clave: El proceso no comenzará si se omite una operación precedente.

Descripción del proceso: Un trabajador realiza diversas operaciones diferentes, incluyendo taladrado, aterrajado, ajuste en prensa y lavado, circulando de una en una en nueve máquinas.

Antes de mejora:

Como consecuencia de la complejidad de la línea, los trabajadores nuevos a menudo no dominaban completamente los requerimientos del trabajo. Algunos items no procesados pasaban a la siguiente operación porque el operador había olvidado presionar un conmutador de mando en algún lugar de la línea. Se producían cada día dos o tres items con falta de algún proceso.

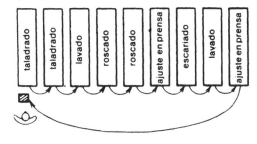

Después de mejora:

Se interconectaron los conmutadores de las diferentes operaciones para hacer imposible comenzar una nueva ronda de procesos si se hubiese omitido cualesquiera operación de la ronda precedente.

Adicionalmente, al comenzar cada operación la lámpara correspondiente se enciende en un panel. Después de acabar un ciclo, el trabajador vuelve a la primera operación a comenzar un nuevo ciclo de proceso. Si no se han omitido operaciones, el conmutador de la primera operación no está bloqueado, y el trabajador puede comenzar un nuevo ciclo. Sin embargo, si se ha omitido una operación, el conmutador está bloqueado. El operador mira las lámparas para determinar cuál es la operación omitida. (Una operación omitida hace sonar una alarma y encender una luz giratoria).

El trabajador va entonces a la operación que no tiene luz encendida en el panel, pone en funcionamiento la máquina por medios manuales, y realiza la operación omitida. Cuando acaba la operación, el trabajador recoloca la máquina en circuito automático y comienza la primera operación de la serie siguiente.

lámparas indicadoras de cumplimiento proceso

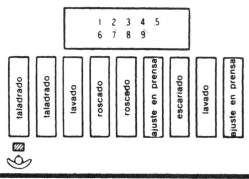

● *Ejemplo 2*

Proceso: Roscado

Prevención error:

Parada: X

Problema: Agujeros no roscados, o no roscados hasta profundidad apropiada

Detección error: X

Control:

Solución: Conmutadores de límite detectan errores profundidad roscado

Alarma: X

Mejora Clave: Herramienta modificada para garantizar proceso correcto.

Descripción del proceso: Se roscaban agujeros de 38 cm. de profundidad en acero al carbono duro.

Antes de mejora:

En una operación se roscaba hasta la profundidad deseada. Sin embargo, la dureza del material y la extrema profundidad del roscado causaba que se deslizase el embrague de la máquina si el macho de roscar estaba ligeramente desgastado, parándose el roscado antes de alcanzar la profundidad deseada.
El operador era incapaz de detectar este defecto.

Después de mejora:

Se montaron conmutadores de límite delante y detrás del eje principal de la máquina de roscar. Si el eje principal no desciende hasta la profundidad prescrita, una lámpara roja destelleante alerta al operador. La máquina no puede comenzar de nuevo hasta que el operador ha rectificado la pieza defectuosa y resuelto el error.

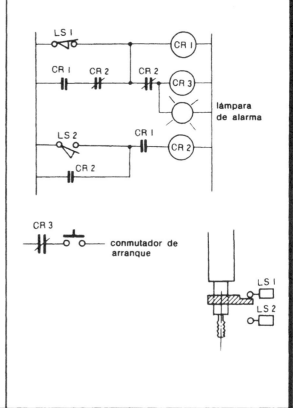

● *Ejemplo 3*

Proceso: Taladrado

Problema: Colocación incorrecta de pieza en plantilla

Solución: Utilizar cilindro neumático para colocar pieza.

Mejora clave: Plantilla modificada para garantizar posicionamiento correcto

Prevención error: X

Detección error:

Parada:

Control: X

Alarma:

Descripción del proceso: Se coloca una pieza de trabajo en una plantilla y se taladra.

Antes de mejora:

La plantilla de taladrado tenía un vástago de referencia para posicionar la pieza de trabajo, pero el operador a veces olvidaba poner en contacto la pieza de trabajo con el vástago. El operador seguía adelante con el taladrado, asumiendo que la pieza estaba en la posición correcta. Esto concluía en agujeros taladrados en posición errónea, convirtiendo en defectuosas a las piezas.

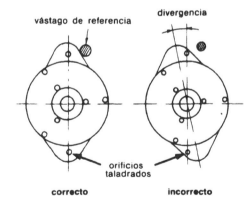

Después de mejora:

Se instaló en la plantilla un cilindro neumático para presionar la pieza de trabajo contra el vástago de referencia cuando se monta dicha pieza.

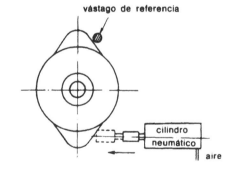

● *Ejemplo 4*

Proceso: Avellanado

Problema: Omisión avellanado

Solución: Modificar el punzonado de agujeros para hacer también el avellanado en una operación

Mejora clave: Modificada herramienta para garantizar el proceso correcto.

Prevención error: X

Detección error:

Parada:

Control: X

Alarma:

Descripción del proceso: el avellanado está especificado para agujeros punzonados en placas de radiador

Antes de mejora:

Después del punzonado, los agujeros eran avellanados con una perforación, pero se producían variaciones en las dimensiones y, a veces, se omitía el proceso.

Después de mejora:

Se remodeló el punzón para hacer el agujero y el avellanado en una sola operación. Se han eliminado completamente las variaciones de dimensiones y omisiones y se ha acortado el tiempo de proceso, matando dos pájaros de un tiro.

Los únicos costes corresponden a la remodelación del punzón.

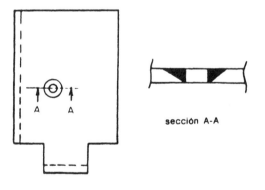

sección A-A

área sombreada retirada por el taladro

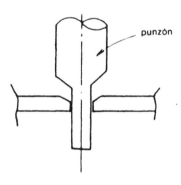

punzón

mejora de forma del punzón

● *Ejemplo 5*

Proceso: Remachado

Prevención error: X

Parada:

Problema: Deformación ángulo correcto de placa **Detección error:**

Control: X

Solución: Mejora plantilla

Alarma:

Mejora clave: Plantilla modificada para garantizar posicionamiento correcto

Descripción del proceso: Se remachaban clavijas en una placa cerca del interior de la esquina de un ángulo recto

Antes de mejora:

La operación de remachado a menudo inclinaba un lado hasta una posición oblicua.

Después de mejora:

Después de reexaminar cómo ocurrían los defectos, se instaló una guía en la plantilla, que mantiene a la placa con el ángulo apropiado durante el remachado.

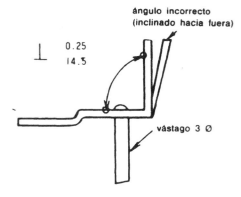

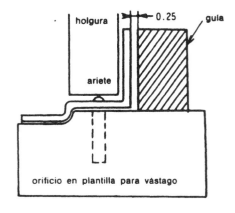

● *Ejemplo 6*

Proceso: Montaje cubiertas de transporte de cassettes

Problema: Se dañaban las cubiertas de plástico cuando los berbiquies se deslizaban fuera de las ranuras de los tornillos.

Solución: Cambiar forma de la ranura de los tornillos

Mejora clave: Pieza modificada para evitar los daños

Prevención error: X

Detección error:

Parada:

Control: X

Alarma:

Descripción del proceso: Las cubiertas de plástico de transporte de las cassettes se montaban con tornillos.

Antes de la mejora:

Las cubiertas de las cassettes frecuentemente se dañaban cuando el berbiquí se deslizaba fuera de la ranura del tornillo y chocaba contra las cubiertas de plástico.

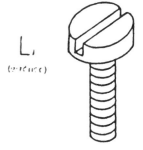

Después de mejora:

Se escrutó la causa del problema y se cambió la forma de la ranura del tornillo para evitar los deslizamientos del atornillador. Se han eliminado completamente los defectos debidos a las raspaduras del atornillador contra las cubiertas.

● *Ejemplo 7*

Proceso: Moldeo en prensa   **Prevención error:** X   **Parada:** X

Problema: Productos moldeados dejados en la   **Detección error:**   **Control:**
prensa

Solución: Detección fotoeléctrica de productos moldeados dejados en la prensa **Alarma:**

Mejora clave: Modificado útil para protegerlo del daño

Descripción del proceso: Los productos se moldeaban en una prensa.

Antes de mejora:

   Algunos operadores adormilados del turno de noche olvidaban a veces retirar productos moldeados antes de operar la prensa de nuevo. Como la corrección de la operación descansaba en la vigilancia de los trabajadores, aproximadamente una vez al mes se producían daños en el útil o productos defectuosos.

Después de mejora:

   Se utiliza un conmutador fotoeléctrico para detectar la presencia de productos moldeados. Si los productos moldeados permanecen en la prensa, el conmutador se bloquea y la prensa no se puede operar. Se han eliminado completamente los destrozos en productos moldeados y los daños en útiles.

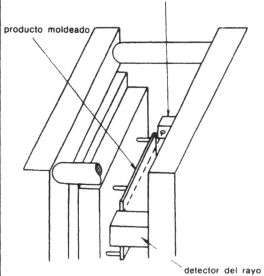

fuente del rayo de luz

producto moldeado

detector del rayo

• *Ejemplo 8*

Proceso: Encaje de un eje en una placa   **Prevención error:** X   **Parada:**

Problema: Inversión posición extremos eje   **Detección error:**   **Control:** X

Solución: Los extremos del eje se han hecho intercambiables   **Alarma:**

Mejora clave: Modificación pieza para garantizar posicionamiento correcto

Descripción del proceso: Un eje se monta en un chasis en una operación de empuje.

Antes de mejora:

Uno de los extremos del eje estaba ranurado con un círculo en E, mientras el otro extremo no tenía ranura. Aparte de esa diferencia, el eje era simétrico y el operador podía montar el eje en el chasis por cualquiera de los extremos. Esto ocasionaba errores que hacían imposible montar la ranura en E durante un ensamble posterior.

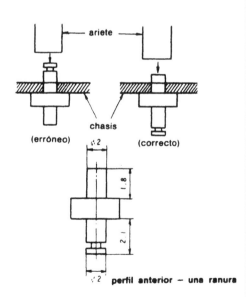

perfil anterior – una ranura

Después de mejora:

Ambos extremos del eje están ahora ranurados con un círculo en E, de forma que cualquiera de los extremos puede empotrarse en el chasis sin crear un error. La ranura en E puede montarse siempre y es imposible crear un defecto.

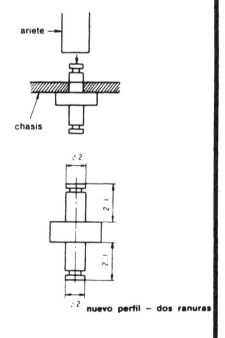

nuevo perfil – dos ranuras

● *Ejemplo 9*

Proceso: Montar un eje en una palanca de mando

Prevención error: X

Parada:

Problema: Se insertaba el extremo erróneo del eje

Detección error:

Control: X

Solución: Cambiar tamaño de agujero y eje para evitar errores

Alarma:

Mejora clave: Pieza modificada para garantizar posicionamiento correcto

---

Descripción del proceso: Se encaja un eje a presión en un agujero de una palanca de mando.

Antes de mejora:

Los dos extremos del eje tenían el mismo diámetro, y cualquiera de ellos podía encajarse en el agujero. A menudo, los ejes se montaban en el agujero en la posición inversa a la correcta.

Después de la mejora:

Se hicieron más pequeños los diámetros del agujero de amarre y del extremo del eje a encajar, de forma que ahora el otro extremo no encaja en el agujero. Se ha eliminado por completo el peligro de montar y encajar el eje al revés.

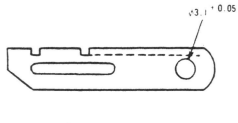

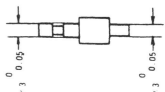

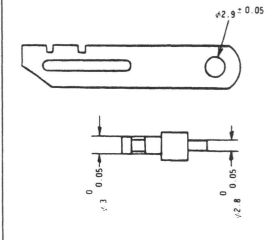

● *Ejemplo 10*

Proceso: Encaje de pieza

Prevención error:

Parada:

Problema: El componente se encajaba en el lado equivocado o se omitía

Detección error: X

Control: X

Solución: Instalado conmutador de límite en proceso siguiente para detectar la colocación apropiada.

Alarma:

Mejora clave: Modificado útil para detectar piezas defectuosas

---

Descripción del proceso: Un componente parecido a un eje se encaja en un agujero de una placa.

Antes de mejora:

Era posible encajar el componente por el lado erróneo o se omitía.

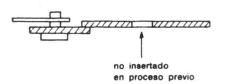

no insertado
en proceso previo

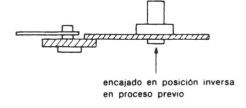

encajado en posición inversa
en proceso previo

Después de mejora:

Se equipó el proceso siguiente con un microsensor de forma que la máquina no opera si el componente no se ha montado o se ha montado por el lado equivocado en el proceso previo. Las piezas con este defecto ya no pueden circular por la línea.

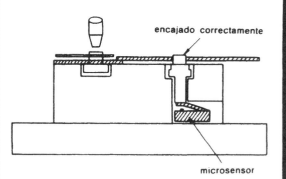

encajado correctamente

microsensor

● *Ejemplo 11*

Proceso: Proceso de chasis   **Prevención error:** X   **Parada:**

Problema: Colocación al revés en plantilla   **Detección error:**   **Control:** X

Solución: Tomando ventaja de la asimetría de la pieza se ha colocado un vástago de guía adicional   **Alarma:**

Mejora clave: Plantilla modificada para garantizar posicionamiento correcto

Descripción del proceso: Un chasis se colocaba en una plantilla para mecanizado.

Antes de mejora:

Era posible insertar el chasis en la plantilla con los lados en posición contraria a la correcta. La corrección en la operación dependía de la vigilancia de los trabajadores.

Después de mejora:

Se añadió un vástago de guía, basándose en la característica asimétrica del chasis. Esto ha eliminado completamente el peligro de un proceso equivocado por posicionamiento erróneo.

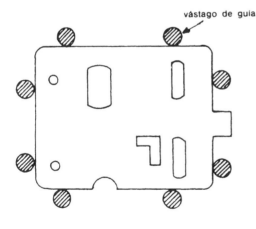

vástago de guía

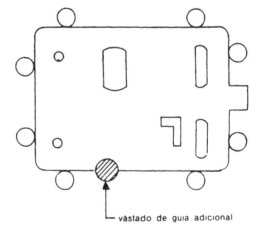

vástado de guía adicional

● *Ejemplo 12*

Proceso: Remache de barras de acoplamiento   **Prevención error:** X   **Parada:**

Problema: Unión al revés de una barra   **Detección error:**   **Control:** X

Solución: Añadido vástago de guía a la plantilla de remache   **Alarma:**

Mejora clave: Plantilla modificada para garantizar posicionamiento correcto

Descripción del proceso: Dos barras se remachaban juntas.

Antes de mejora:

La barra a colocar debajo tenía un agujero redondo en un extremo y otro elíptico en el otro. Era posible colocar la barra sobre la plantilla con los agujeros en lados erróneos y unirla de este modo a la otra barra, con el resultado de defectos.

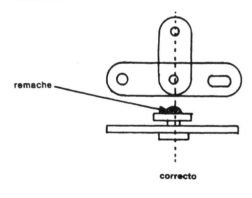

correcto

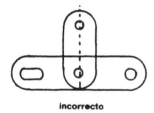

incorrecto

Después de mejora:

Se ha añadido a la plantilla un vástago elíptico preventivo de forma que no puede asentarse la barra en la plantilla en la dirección incorrecta. Se ha eliminado por completo el remachado en posición inversa.

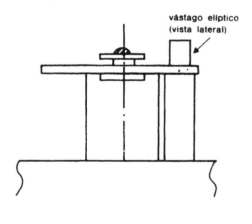

vástago elíptico (vista lateral)

● *Ejemplo 13*

Proceso: Punzonado de agujeros en placas de moldes

Prevención error: X

Parada:

Problema: Agujeros punzonados

Detección error:

Control: X

Solución: Hacer asimétricas las placas de moldes y añadir vástago de guía extra

Alarma:

Mejora clave: Modificada pieza y plantilla garantizando posicionamiento correcto

---

Descripción del proceso: Las placas de moldeo se fijaban en una plantilla y se punzonaban agujeros rectangulares.

Antes de mejora:

Como las placas eran simétricas, podían montarse en la plantila en posición revertida y, a menudo, se punzonaban orificios rectangulares en posiciones erróneas.

Después de mejora:

Se ha diseñado un agujero redondo en la placa en posición asimétrica, y se ha montado en la plantilla el correspondiente vástago de guía. Se ha eliminado completamente el riesgo de punzonar agujeros rectangulares en posiciones erróneas.

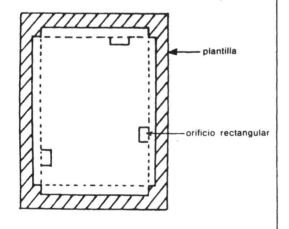

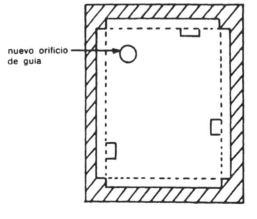

● *Ejemplo 14*

Proceso: Serie de procesos de lámina de bronce fosforoso revestido de plata	**Prevención error:** X	**Parada:**	
Problema: Múltiples errores posicionales	**Detección error:**	**Control:** X	
Solución: Indicadores visuales de posición correcta	**Alarma:**		
Mejora clave: Ejemplos de proceso correcto proveen de guía			

Descripción del proceso: Chapa de bronce fosforoso revestido de plata soporta una serie de operaciones hasta llegar a producto final. La chapa se punzona primero en una prensa, después se curva en prensa (la práctica habitual es hacer estas operaciones a la vez, bien por alimentación secuencial o útiles particionados). Las piezas se templan y remachan a otras piezas.

Antes de mejora:

Ocurrían errores en cada proceso cuando la pieza se procesaba en posición invertida, o se montaba incorrectamente en la plantilla. Las piezas se punzonaban o curvaban al revés, o los remaches se colocaban en el orificio inadecuado o en el lado incorrecto.

Después de mejora:

Algunas salvaguardas diferentes se han instalado para ayudar a los trabajadores a que hagan chequeos visuales sobre la corrección del proceso.

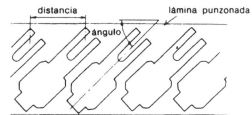

1. Chapas correctamente punzonadas se colocan como ejemplo enfrente de la prensa. Consultando esto, el operador puede comprobar la distancia de proceso y el ángulo correcto. Esto previene errores cuando se posiciona la chapa para cortar el perfil exterior.

2. También se coloca en la prensa una muestra correctamente curvada. El operador puede ver fácilmente la dirección correcta para curvar la pieza. Esto previene errores en la dirección de curvado.

3. Se ha dibujado el perfil de las piezas sobre la plantilla de remachado, de forma que el operador puede ver en cuál de los dos agujeros encaja el vástago y cuál lado es el frontal. Esto previene errores de remachado y en conexión de la pieza con otras piezas.

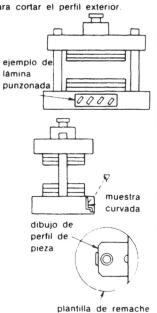

● *Ejemplo 15*

Proceso: Taladro de una variedad de piezas   **Prevención error:** X   **Parada:**

Problema: Errores cometidos durante el montaje   **Detección error:**   **Control:**   X
de diferentes piezas

Solución: Eliminar montaje   **Alarma:**

Mejora clave: Plantilla modificada para garantizar posicionamiento correcto

Descripción del proceso: Se taladraban cuatro agujeros de montaje en muchos tipos diferentes de placas. Los agujeros eran todos igualmente espaciados en una dimensión, pero se espaciaban diferentemente en el otro eje, dependiendo del tamaño de la placa.

Antes de mejora:

Los agujeros se taladraban con un portabrocas de cuatro ejes en una perforadora, lo que requería cambio de útil para cada diferente tipo de placa. Cuando el número de tipos de placas se incrementaba, subía también el número de operaciones y los errores de montaje crecían, con el resultado de perforado incorrecto de agujeros.

Después de mejora:

Se ha desarrollado un nuevo método para taladrar los agujeros de montaje de las placas que hace las operaciones de preparación innecesarias y elimina completamente los defectos en el espaciado de agujeros. Se ha colocado una perforadora de dos ejes para el espaciado constante de los agujeros utilizado en todas las placas. Un bloque de tope se ha colocado en la mesa de la perforadora en línea con los ejes, y las plantillas para las diferentes placas ahora tienen ranuras en cada posición de agujero. El bloque encaja en la ranura de la plantilla conforme se alimenta cada placa. Ahora es posible alimentar continuamente las piezas de trabajo y posicionarlas con precisión.

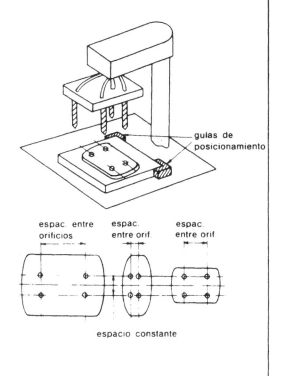

guías de posicionamiento

espac. entre orificios   espac. entre orif.   espac. entre orif

espacio constante

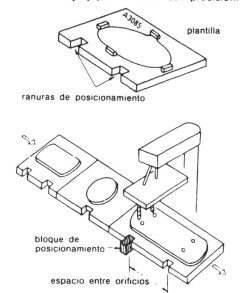

plantilla

ranuras de posicionamiento

bloque de posicionamiento

espacio entre orificios

● *Ejemplo 16*

Proceso: Laminación   **Prevención error:** X   **Parada:**

Problema: Adhesión de cola al laminador   **Detección error:**   **Control:**   X

Solución: Rodillo humidificador para prevenir la adhesión de cola   **Alarma:**

Mejora clave: Util modificado para evitar su daño

Descripción del proceso: En cierto proceso, se empleaba un rodillo de acero para laminar dos superficies ligadas con cola fundida caliente.

Antes de mejora:

La cola tendía a adherirse al rodillo de acero. La cola adherida dejaba impresiones en la superficie superior de la lámina, con el resultado de defectos. La máquina se paraba cada veinte o treinta minutos para retirar la cola, pero mientras tanto, los productos defectuosos podían llegar a representar el 50 por ciento del output total.

Después de mejora:

Después de investigar qué condiciones evitarían que la cola se pegase al rodillo de acero, se descubrió que si el rodillo estuviese húmedo, la cola no se pegaría. Ahora se emplea un rodillo secundario para humedecer el rodillo de acero durante la laminación, evitando que la cola se adhiera al rodillo. Como resultado, los defectos debidos a las marcas de cola sobre las láminas se han eliminado por completo.

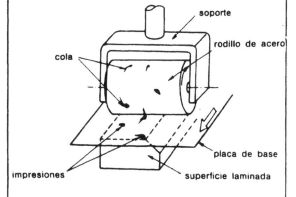

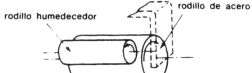

● *Ejemplo 17*

Proceso: Montaje de tuercas

Problema: Tuercas omitidas o posicionadas impropiamente

Solución: Conmutador de límite detector

Mejora clave: Util modificado para detectar piezas defectuosas

Prevención error:

Detección error: X

Parada: X

Control:

Alarma:

Descripción del proceso: Una máquina especial se usaba para montar tuercas en piezas de numerosos modelos diferentes.

Antes de mejora:

La omisión de tuercas o el mal centrado de las mismas era causa de problemas durante el posterior montaje. Se empleaba una pata acodada para chequear el olvido de colocación de tuercas, pero no podían detectarse los centrados inapropiados de las tuercas.

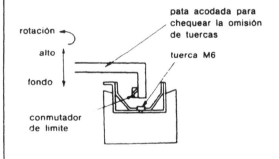

Después de mejora:

El transmisor de la carrera de la máquina se ha conectado a un conmutador de límite sobre el que actúa un vástago montado sobre un resorte. Si se olvida la tuerca, el vástago pasa a través del agujero y el conmutador de límite permanece en "off". Por otro lado, si la tuerca está descentrada, el vástago no puede elevarse hasta donde debe, y el conmutador de límite queda también en "off". Si la tuerca se posiciona correctamente, el vástago se eleva lo suficiente para poner en "on" el conmutador de límite, pero no más de lo suficiente. Se emplean conmutadores de selección para cambiar los montajes para diferentes modelos.

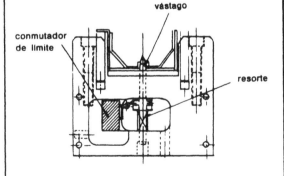

● *Ejemplo 18*

Proceso: Laminado de fileteados   **Prevención error:** X   **Parada:** X

Problema: Operación omitida o defectuosa   **Detección error:** X   **Control:** X

Solución: Conmutador de límite para detectar operación omitida; uso de más apropiada sección de la pieza como referencia.   **Alarma:**

Mejora clave: Plantilla modificada para garantizar posición correcta; útil modificado para detectar defectos.

Descripción del proceso: Se empleaba una máquina laminadora de fileteado de dos árboles para realizar dichos fileteados en una cierta pieza.

Antes de mejora:

Se producían piezas con fileteados defectuosos porque la guía tenía una holgura excesiva y las pieza de trabajo podía cambiar de posición durante el conformado. Adicionalmente, cuando la máquina se ponía en acción después de una parada de emergencia o una pérdida de energía, primeramente se producían piezas no fileteadas. Las piezas no fileteadas o mal fileteadas se retiraban por los trabajadores, pero, con todo, algunas seguían adelante.

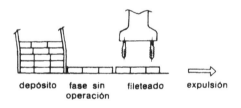

depósito   fase sin operación   fileteado   expulsión

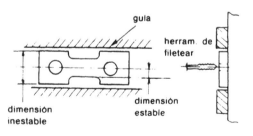

guía

herram. de filetear

dimensión inestable

dimensión estable

Después de mejora:

Los items correctamente fileteados, los items no fileteados y los items con conicidades defectuosas, tienen todos ellos diferentes diámetros de agujero. Un mecanismo que chequea el diámetro interior de los agujeros y un circuito con conmutador de límite para parar la operación de fileteado, se utilizan conjuntamente para eliminar defectos y prevenir la ocurrencia de piezas defectuosas al comienzo de la operación de máquina.

1. Diámetro agujero antes de fileteado ø 7,3.
   Diámetro si el fileteado es defectuoso ø 7,5.
   Diámetro si el fileteado es bueno ø 7,0.
   Diámetro vástago de chequeo ø 0,7.

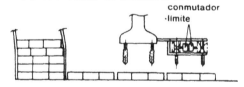

conmutador límite

2. Se ha añadido un conmutador de límite para detectar fileteados omitidos o defectuosos.

3. Se ha revisado la guía, añadiendo bloques para sostener la pieza de trabajo en posición estable durante el fileteado.

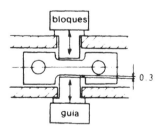

bloques

0.3

guía

● *Ejemplo 19*

Proceso: Aterrajado con máquina aterrajadora de ejes múltiples.

Problema: Aterrajado omitido o defectuoso

Solución: Conmutadores de límite para detectar aterrajado correcto

Mejora clave: Modificado útil para garantizar proceso correcto

Prevención error:

Detección error: X

Parada: X

Control:

Alarma:

Descripción del proceso: Se mecanizan diez agujeros simultáneamente en una máquina aterrajadora de ejes múltiples. Si se rompe un cono, o se desgasta, el corte del agujero se omite o resulta defectuoso.

Antes de mejora:

La detección de errores se realizaba por los trabajadores. Los operadores a menudo fallaban en advertir los problemas y las piezas pasaban a veces al proceso siguiente con defectos. Cada vez que ocurría esto, la línea paraba en un proceso posterior.

Después de mejora:

Se han instalado microconmutadores debajo de cada broca cónica, y la máquina para si cualquiera de las diez brocas cónicas falla en activar su conmutador.

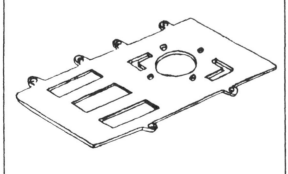

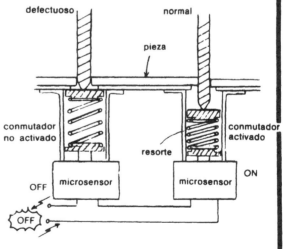

● *Ejemplo 20*

Proceso: Taladrado	**Prevención error:**	**Parada:** X
Problema: Omitir agujeros	**Detección error:** X	**Control:**
Solución: Detector de agujeros antes del próximo proceso		**Alarma:**

Mejora clave: Modificación útil para detectar piezas defectuosas

Descripción del proceso: En el proceso precedente se taladraban varios agujeros en una placa. Los agujeros entonces se acababan utilizando una perforadora de ejes múltiples.

Antes de mejora:

Cuando llegaba al proceso de acabado de los agujeros alguna pieza producida en la máquina de taladrar con algún agujero omitido o defectuoso, las herramientas perforadoras de acabado a menudo se rompían. Si esto no se advertía, todas las piezas posteriores resultaban con agujeros inacabados. Era extremadamente penoso arreglar todo esto posteriormente.

Después de mejora:

Se montó un conjunto de vástagos detectores de agujeros en la máquina de acabado de los mismos para detectar la presencia de agujeros en la pieza próxima mientras la actual se está procesando. Los vástagos están conectados a conmutadores de límite que paran la máquina de acabado si no se detectan los agujeros en la pieza siguiente.

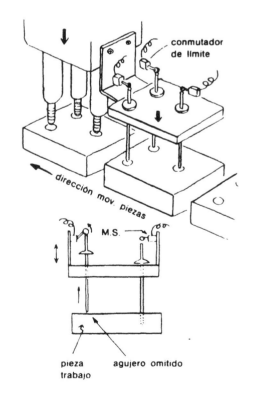

● *Ejemplo 21*

Proceso: Curvado de piezas estampadas   **Prevención error:** X   **Parada:**

Problema: Piezas curvadas al revés   **Detección error:**   **Control:** X

Solución: Uso de canaleta forrada de tejido para parar piezas con curvado invertido   **Alarma:**

Mejora clave: Canaleta modificada para garantizar posicionamiento correcto

---

Descripción del proceso: En este proceso, piezas punzonadas se curvan con el perfil preciso, con la rebaba resultante del punzonado en la parte interior del curvado.

Antes de mejora:

El trabajador chequeaba la orientación de las piezas antes de hacer el punzonado, pero inevitablemente cometía errores.

Después de mejora:

Después del punzonado, las piezas descienden por una canaleta forrada de tejido. Si las rebabas están en la parte inferior de la pieza (posición impropia para curvado), se enganchan con el tejido y no se deslizan hasta el final de la canaleta. Las piezas que alcanzan el fondo tienen el lado con rebabas arriba, descienden y pueden cogerse inmediatamente.

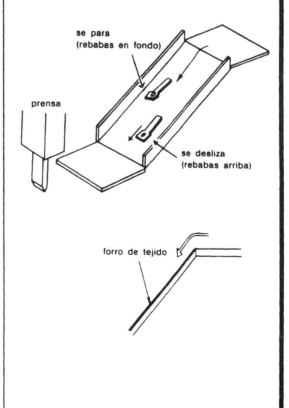

se para
(rebabas en fondo)

prensa

se desliza
(rebabas arriba)

forro de tejido

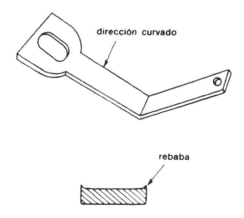

dirección curvado

rebaba

• *Ejemplo 22*

Proceso: Proceso de bobinas de hilo

Problema: Depósito de materias extrañas en bobina y variaciones en dimensiones

Solución: Tope en alimentador hilo, para el proceso si el hilo está fuera de dimensiones

Mejora clave: Util modificado para protegerlo de daños

Prevención error: X

Detección error:

Solución:

Parada: X

Control:

Alarma:

Descripción del proceso: El hilo bobinado se producía a veces con variaciones dimensionales o de perfil o con materias extrañas adheridas a la bobina. Cuando se procesaba este material defectuoso, estas variaciones debían detectarse para evitar productos defectuosos.

Antes de mejora:

Los depósitos de materias extrañas o las variaciones de dimensiones del hilo atascaban el motor cuando el hilo entraba en la máquina de proceso.

Después de mejora

Si hay cualquier materia extraña o variación en dimensiones o perfil del hilo, un tope del mecanismo de alimentación sujeta el hilo en ese punto y se mueve junto con dicho hilo. La máquina para automáticamente cuando el tope tropieza contra un conmutador de límite situado en la máquina.

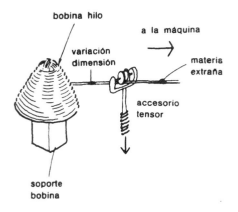

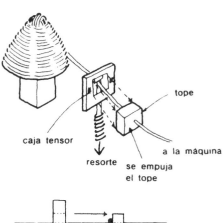

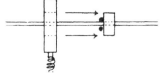

● *Ejemplo 23*

Proceso: Fresado de piezas moldeadas

Problema: Piezas no procesadas

Solución: Utilizar las diferencias dimensionales para detectar items no procesados en la canaleta de descarga

Mejora clave: Modificada canaleta para detectar piezas defectuosas

Prevención error:

Detección error: X

Parada:

Control: X

Alarma:

Descripción del proceso: Las piezas moldeadas se fresan en una máquina automática y se entregan al proceso siguiente vía una canaleta.

Antes de mejora:

Si una pieza no fresada atraviesa la canaleta, la máquina siguiente para anormalmente y podía dañarse

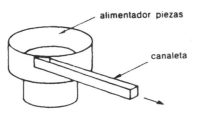

alimentador piezas

canaleta

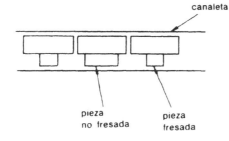

canaleta

pieza no fresada

pieza fresada

Después de mejora:

Se ha diseñado un método que utiliza el perfil geométrico de las piezas no fresadas para pararlas si siguen adelante. La canaleta de alimentación se ha modificado de forma que una pieza no fresada topa con un bloque instalado en la canaleta y no pasa a la máquina siguiente. Se han evitado los daños en la maquinaria.

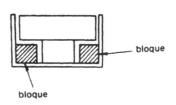

bloque

bloque

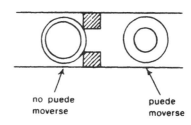

no puede moverse

puede moverse

● *Ejemplo 24*

Proceso: Montaje con prensa de condensadores   **Prevención error:** X   **Parada:** X

Problema: Posición inapropiada de condensadores **Detección error:**   **Control:**

Solución: Plantilla con conmutador de límite   **Alarma:**

Mejora clave: Se usa plantilla para garantizar posicionamiento correcto

Descripción del proceso: Los condensadores se montaban con una prensa en una pieza de trabajo.

Antes de mejora:

El trabajador determinaba visualmente la posición de montaje y, a menudo, la pieza se posicionaba incorrectamente. Ocurrían defectos tales como curvado o daños.

Después de mejora:

Se ha construido una plantilla para posicionar la pieza de trabajo y el condensador. Se han cambiado también las conexiones de forma que la prensa no puede activarse hasta que el conmutador de límite se active por la posición apropiada. Esto ha eliminado los errores de proceso.

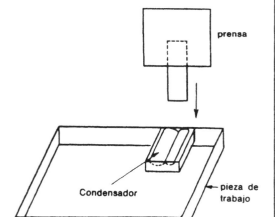

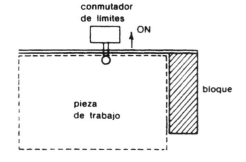

● *Ejemplo 25*

Proceso: Montaje con prensa de fuelles de cierre en segmentos en O

Prevención error: X   **Parada:** X

Problema: Alineación defectuosa

Detección error: **Control:**

Solución: Plantilla para asegurar alineación correcta

Alarma:

Mejora clave: Plantilla para asegurar posicionamiento correcto

---

Descripción del proceso: Fuelles de cierre se montaban con prensa en segmentos en O.

Antes de mejora:

Se determinaba visualmente la alineación entre los fuelles de cierre y los segmentos en O. Las variaciones de la profundidad del montaje con prensa y las deformaciones de los fuelles de cierre ocurrían a menudo como resultado.

Después de mejora:

Se instaló una guía de forma que los fuelles de cierre eran siempre ajustados uniformemente por la prensa. La prensa no puede actuar a menos que una palanca penetre, desde la guía que se ha insertado, en la ranura oblonga de los muelles de cierre. Esto ha hecho posible realizar precisamente el montaje con la prensa.

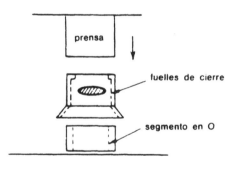

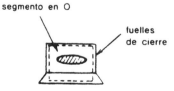

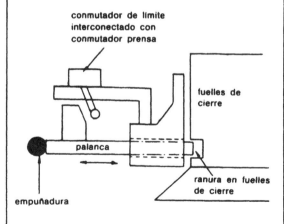

● *Ejemplo 26*

Proceso: Varios

Problema: Modelos patrón desgastados

Solución: Marcar modelos para hacer fácil la inspección visual

Mejora clave: Calibre usado en inspección

Prevención error: X

Detección error:

Parada:

Control: X

Alarma:

Descripción del proceso: Los modelos patrón de láminas de metal para el corte de piezas de tela a veces resultan dañados cuando se usan. Es importante mantener los patrones apropiadamente de forma que los tejidos ajusten apropiadamente cuando se ensamblan.

Antes de mejora:

Era difícil determinar cuándo el patrón estaba desgastado y necesitaba reparación, y como resultado se cortaban piezas inadecuadas.

Después de mejora:

Utilizando una guía, se emplea un estilete para dibujar una línea a 1 mm. del borde del patrón cuando éste es nuevo. Después de la utilización del modelo patrón, el trabajador inspecciona visualmente este margen. Cualquier variación, especialmente hendiduras y dentados, es fácil de detectar. Si hay cualquier daño (si la distancia es inferior a 1 mm.) el patrón se repara. Este método es rápido y fácil porque la inspección visual es simple y comprensible.

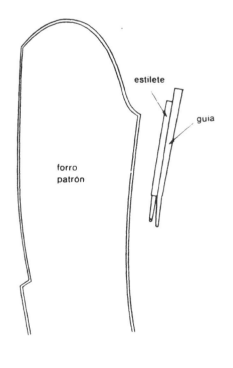

● *Ejemplo 27*

proceso: Cosido de botones en puños de chaquetas

Prevención error: X

Parada:

Problema: Botones espaciados

Detección error:

Control: X

Solución: Irregularmente

Alarma:

Mejora clave: Se usa plantilla para garantizar posicionamiento correcto

Descripción del proceso: Algunas bocamangas de chaqueta tienen dos botones, otras tienen tres, y aun otras tienen cuatro, dependiendo del diseño. Los botones se cosen uno a la vez en grandes máquinas de coser.

Antes de mejora:

El operador marcaba la posición de cada botón y entonces los cosía, siguiendo las marcas. Sin embargo, en parte como consecuencia del mecanismo de la máquina de coser, y también debido a cambios en el ángulo de la visión, los botones no se cosían a veces en las posiciones correctas, resultando espaciamientos irregulares entre botones.

Después de mejora:

Se ha desarrollado una plantilla de posicionamiento para el cosido de botones. Ahora las bocamangas se posicionan para el cosido de botones meramente colocando su extremo contra la plantilla montada en la máquina de coser. Esto posiciona la bocamanga precisamente para el número requerido de botones que llegan limpiamente en fila.

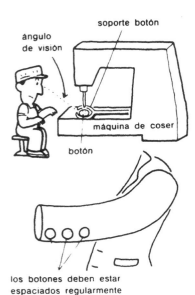

los botones deben estar espaciados regularmente

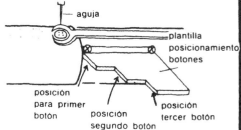

• *Ejemplo 28*

Proceso: Montaje de lentes en cámaras

Prevención error: X

Parada:

Problema: Omisión embutido

Detección error:

Control:

Solución: Conmutador fotoeléctrico interconectado con circuito máquina de embutir

Alarma: X

Mejora clave: Util modificado para garantizar procesamiento correcto

Descripción del proceso: Las lentes objetivo se montan en el cono de lentes de la cámara utilizando una máquina de embutir.

Antes de mejora:

Después de que el operador colocaba la lente en el cono de lentes y colocaba el montaje en posición en la máquina de embutir, a veces olvidaba pulsar el conmutador de comienzo del proceso. Como resultado, a veces la lente pasaba al proceso siguiente sin estar embutida en el cono de lentes.

Después de mejora:

Se ha montado un conmutador fotoeléctrico tipo reflejante en la máquina de embutir, interconectado con el conmutador de puesta en activo de la máquina. El conmutador fotoeléctrico se activa cuando el cono metálico de las lentes se coloca en posición de la plantilla de la máquina de embutir, y se desactiva cuando se pulsa el conmutador de puesta en marcha. Si el operador olvida pulsar el conmutador, suena una alarma.

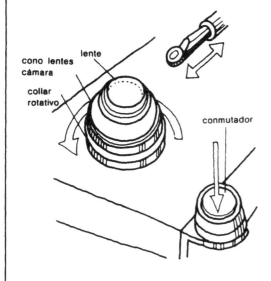

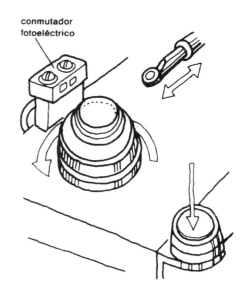

● *Ejemplo 29*

Proceso: Varios

Problema: Seguir equivocadamente las
                 instrucciones de otro proceso

Solución: Reorganizar el gráfico de instrucciones

Prevención error: X

Detección error:

Parada:

Control: X

Alarma:

Mejora clave: Herramienta modificada para garantizar el proceso correcto

Descripción del proceso: Con un grupo de gráficos de instrucciones se cubrían diez operaciones. El operador realizaba el proceso consultando las dimensiones especificadas para cada operación.

Antes de mejora:

El operador estaba capacitado para leer las instrucciones de otras operaciones mientras realizaba alguna operación, porque los gráficos de instrucciones estaban situados justamente en el banco de trabajo. A veces ocurrían errores porque el operador incidentalmente seguía las instrucciones de una operación diferente, tal como usar las dimensiones del paso 2 mientras realizaba el paso 1.

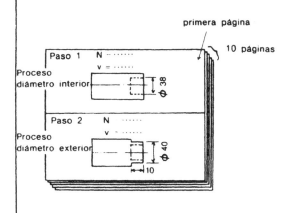

Después de mejora:

Los gráficos de instrucciones se han encuadernado en un fichero singular de forma que el operador puede ver solamente las instrucciones de la operación que realiza. La cubierta del fichero se ha montado sobre una placa de acero de forma que puede apoyarse formando un ángulo sobre el banco. Para ir al próximo trabajo, el operador vuelve la página en la dirección indicada por la flecha. Los defectos se han eliminado completamente.

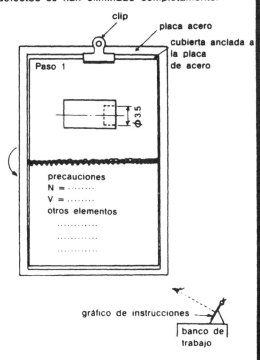

● *Ejemplo 30*

Proceso: Lavado de lentes

Problema: Rayado de lentes

Solución: Cambiar posición de las lentes en el contenedor

Mejora clave: Procedimiento modificado para proteger a las piezas

Prevención error: X

Detección error:

Parada:

Control: X

Alarma:

Descripción del proceso: Las lentes se insertaban en un estante y pasaban a través de una máquina de lavar.

Antes de mejora:

Las lentes se insertaban verticalmente en un soporte de plástico para lavado. La inspección de algunas lentes agudamente curvadas después del lavado mostraba a veces que tenían rayados alrededor de su circunferencia.
Los rayados estaban causados por los dientes de plástico del soporte que golpeaban las lentes como consecuencia de las vibraciones producidas durante el lavado.

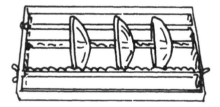

Después de mejora:

Se descubrió que los rayados no se producían cuando las lentes se inclinaban con cierto ángulo cuando se insertaban en el soporte para lavado, lo que eliminaba los movimientos de las lentes debidos a vibraciones.

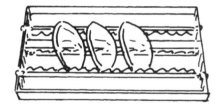

● *Ejemplo 31:*

Proceso: Remachado de tuercas perforadas   **Prevención error:**   **Parada:**

Problema: Tuercas empujadas con presión   **Detección error:** X   **Control:** X
insuficiente.

Solución: La prensa marca la pieza de trabajo si la tuerca se empuja   **Alarma:**
correctamente

Mejora clave: Util modificado para garantizar proceso correcto

---

Descripción del proceso: Las tuercas se embutian dentro de las piezas de trabajo utilizando una prensa. Las tuercas se remachaban correctamente cuando la prensa descendía hasta el punto muerto inferior.

Antes de mejora:

Si se cometian errores fijando el golpe de la prensa, las tuercas perforadas no se remachaban con suficiente fuerza sobre la pieza de trabajo. A veces las tuercas se desprendían cuando los pernos se montaban y tensaban durante el ensamble.

Después de mejora:

Se rediseñó el útil de forma que marca las piezas de trabajo cuando las tuercas se introducen. La marca se hace solamente si las tuercas se introducen hasta el punto muerto inferior, de forma que es posible determinar de una ojeada cuándo las tuercas se han remachado lo suficiente. Las tuercas ya no se desprenden en los procesos siguientes.

se soltaban si no
se remachaban bien

tuercas perforadas

pieza de
trabajo

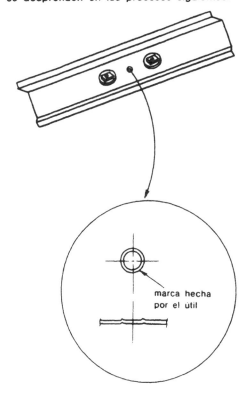

marca hecha
por el útil

● *Ejemplo 32*

Proceso: Chequeo de arena residual después de fundición de colector múltiple

Problema: Errores de recuento de las bolas usadas para test

Solución: Conmutador de límite empleado para señalar cuándo están presentes todas las bolas

Mejora clave: Operación para igualar la cantidad física crítica

Prevención error: X

Detección error:

Parada: X

Control:

Alarma: X

Descripción del proceso: Después de la fundición y limpieza, los colectores con múltiples toberas para motores de automóviles se inspeccionaban para la arena residual pasando ocho pequeñas bolas por los ocho orificios del colector, contando las bolas que habían descendido a continuación por el colector. Si descendían menos de ocho, alguna había quedado detenida por la arena.

Antes de mejora:

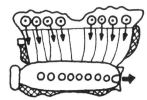

Las ocho bolas se contaban visualmente después de abrir manualmente las puertas del colector. A menudo las bolas no se contaban correctamente, y la arena residual causaba problemas en los procesos siguientes.

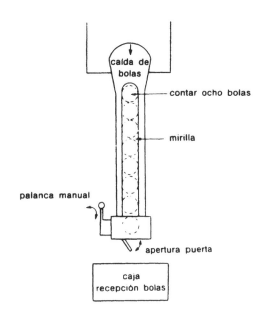

Después de mejora:

Se emplea un conmutador de límite para chequear el número de bolas que se alinean en el tubo colector. Cuando el conmutador de límite confirma que están presentes las ocho bolas, la puerta se abre automáticamente por un pistón automático y se realiza la próxima operación. Si hay siete o menos bolas, suena un zumbador y el próximo proceso no puede realizarse.

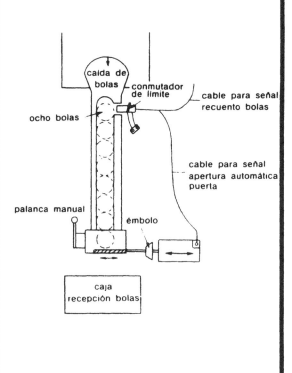

● *Ejemplo 33*

Proceso: Línea de transporte de piezas   **Prevención error:**   **Parada:**

Problema: Piezas suministradas en posición   **Detección error:** X   **Control:**   X
invertida a maquinaria automática

Solución: Retirar piezas en posición invertida con canaleta de guía mejorada   **Alarma:**

Mejora clave: Canaleta modificada para retirar piezas defectuosas

Descripción del proceso: Los procesos anterior y siguiente a un proceso de prensa estaban conectados por un mecanismo de transporte. En el proceso siguiente la pieza de trabajo se montaba en máquina en la misma posición en la que llegaba. Por tanto, las piezas que llegaban en posición invertida a la prensa se procesaban mal o se dañaba la máquina.

Antes de mejora:

Los trabajadores tenían que observar cuidadosamente las piezas que llegaban y sacar de la línea las piezas posicionadas impropiamente. Sin embargo, a veces se pasaban por alto piezas colocadas en mala posición.

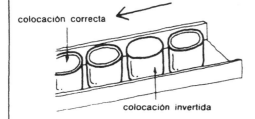

colocación correcta

colocación invertida

pieza de trabajo

Después de mejora:

Se ha instalado un punto de chequeo en la canaleta de entrega que automáticamente retira los ítems mal posicionados. El punto de chequeo tiene una ranura que causa que los ítems colocados al revés (posición invertida) caigan en una caja situada debajo. Los ítems que están en posición correcta pasan libremente. Como resultado, todas las piezas de trabajo se entregan al proceso siguiente en posición correcta.

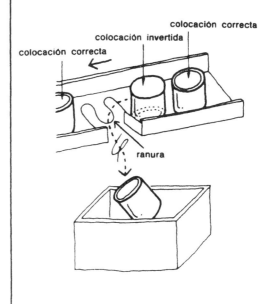

colocación correcta

colocación invertida

colocación correcta

ranura

● *Ejemplo 34*

Proceso: Mecanizado de ejes en bruto forjados   **Prevención error:**   **Parada:**

Problema: Ejes forjados incorrectamente   **Detección error:** X   **Control:**

Solución: Las piezas en bruto fuera de tolerancias no encajan en la plantilla   **Alarma:**

Mejora clave: Plantilla modificada para detectar piezas defectuosas

Descripción del proceso: Los ejes en bruto forjados se mecanizan para conseguir las dimensiones de acabado mediante un proceso de fresado duplicador.

Antes de mejora:

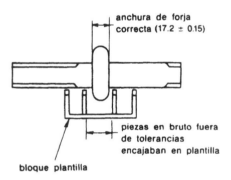

Después de mejora:

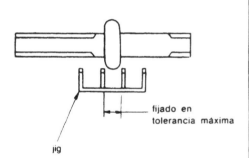

Después de que las piezas en bruto se montaban en la plantilla, anclar la pieza con un tornillo activaba el proceso mediante un circuito interconectado. La utilización de piezas forjadas en bruto con dimensiones superiores a las tolerancias conducía a dimensiones de acabado imprecisas debidas al excesivo contacto de la herramienta que era causa de la formación de rebabas.

La plantilla se ha hecho más precisa. Si una pieza en bruto no encaja dentro de las tolerancias dimensionales, no podrá ajustarse en la plantilla y no podrá procesarse. Esto ha hecho posible descubrir las piezas imperfectamente forjadas antes de que se mecanicen.

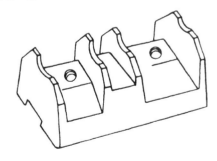

vista en perspectiva de la plantilla

● *Ejemplo 35*

Proceso: Curvado en prensa de láminas de metal punzonadas

Problema: Colocación invertida de piezas

Solución: Cambio de perfil de pieza y plantilla

Mejora clave: Pieza y plantilla modificadas para garantizar posicionamiento

Prevención error: X

Detección error:

Parada:

Control: X

Alarma:

Descripción del proceso: Una lámina metálica punzonada se coloca en una plantilla y se curva en una prensa.

Antes de mejora:

Era posible colocar la pieza en la plantilla con el lado rebabado arriba, de forma que los bordes rugosos estaban en el lado incorrecto del curvado.

pieza de trabajo

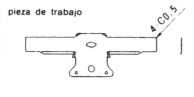

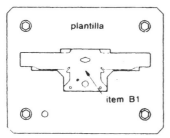

plantilla

item B1

Después de mejora:

Se han alterado ligeramente los perfiles de la pieza y la plantilla en un área no funcional, de forma que la pieza no puede montarse en la plantilla en posición invertida.

mesa de trabajo

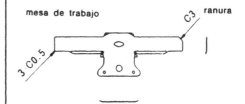

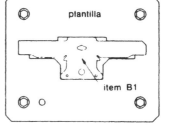

plantilla

item B1

● *Ejemplo 36*

Proceso: Punzonado de agujeros   **Prevención error:** X   **Parada:**

Problema: Colocación invertida de piezas   **Detección error:**   **Control:**   X

Solución: Colocación en la plantilla de vástago interferente   **Alarma:**

Mejora clave: Plantilla modificada para garantizar posicionamiento correcto

Descripción del proceso: Se utilizaba una prensa para punzonar agujeros en un accesorio.

Antes de mejora:

Era posible colocar sobre la plantilla los accesorios en posición invertida. Cuando el operador regular estaba ausente, los sustitutos a veces malentendían los dibujos y colocaban los accesorios en posición invertida, con el resultado de un lote incorrecto.

Después de mejora:

Se instaló en la plantilla un vástago de interferencia. Si la pieza de trabajo se coloca en posición inversa a la correcta, choca contra el vástago de interferencia y no puede ajustar apropiadamente. Esto hace posible identificar inmediatamente los errores de montaje.

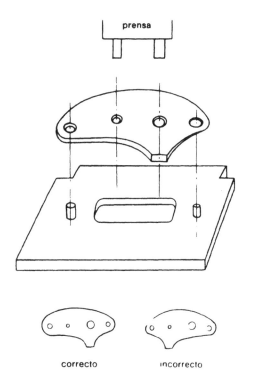

correcto   incorrecto

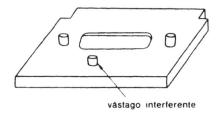

vástago interferente

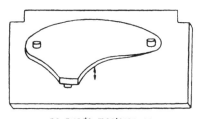

no puede montarse en
posición inversa

● *Ejemplo 37*

Proceso: Roscado	**Prevención de error:** X	**Parada:**
Problema: Pieza montada en plantilla en posición inversa	**Detección de error:**	**Control:** X
Solución: Vástago de interferencia		**Alarma:**

Mejora clave: Plantilla modificada para garantizar posicionamiento correcto

Descripción del proceso: Una pieza de trabajo se colocaba en una plantilla y se roscaba para dos tornillos. La parte de la pieza que se montaba sobre la plantilla tenía el mismo perfil y dimensiones arriba y abajo. Sin embargo, la profundidad interna del lado A (superior) es menor que la del lado B (inferior).

Antes de mejora:

La plantilla permitía que la pieza se montase por cualquiera de los dos lados, de forma que los agujeros podían taladrarse y roscarse en el lado B. Estos defectos se descubrían solamente durante el montaje posterior.

Después de mejora:

Se colocaron dos vástagos de interferencia en la plantilla de proceso. Ahora, si la pieza se monta en posición inversa a la correcta, se crea una holgura entre la plantilla y la pieza de trabajo y ésta no se asienta apropiadamente. El operador lo advierte inmediatamente. Se han eliminado los errores por inadvertencia.

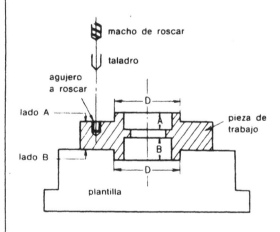

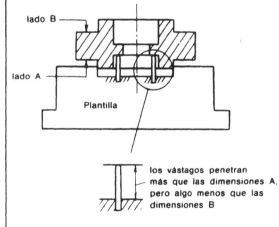

● *Ejemplo 38*

Proceso: Fresado

Problema: Montaje en posición reversa

Solución: Mejora de plantilla

Mejora clave: Plantilla modificada para garantizar posicionamiento correcto

Prevención error: X

Detección error:

Parada:

Control:

Alarma: X

Descripción del proceso: En muchos casos, las plantilas continuaban en uso sin cambio aunque se habían hecho cambios parciales de diseño en los perfiles de las piezas. En este caso, las piezas tenían perfiles simétricos con dos ranuras en un lado y una en el otro. En el pasado no era cuestión las ranuras que hubiera en un lado. Ahora, el cambio de diseño requiere que la superficie superior se frese en el lado que sólo tiene una ranura.

Antes de mejora:

La corrección de la operación dependía de la vigilancia de los operadores. Sin embargo, los operadores realizaban el fresado sin chequeo. Como resultado, había constantes errores de proceso en los que la superficie superior se fresaba en el lado con dos ranuras.

Después de mejora:

Se ha mejorado la plantilla con la adición de un vástago detector montado sobre resorte. Ahora, si la pieza se monta en la posición errónea, el vástago se presiona, activando un conmutador de límite, encendiéndose una lámpara giratoria. Como resultado, ya no ocurren errores de proceso.

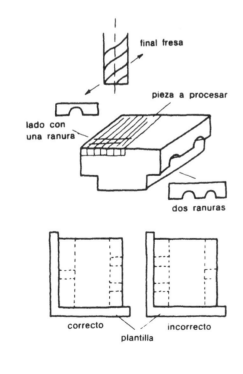

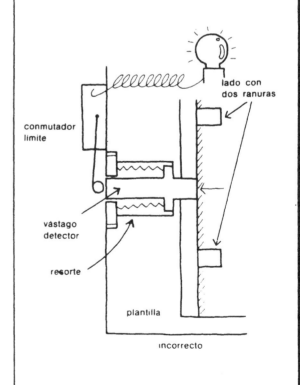

● *Ejemplo 39*

Proceso: Productos fundidos y moldeados   **Prevención error:**   **Parada:**

Problema: Items ·con errores de forma   **Detección error:** X   **Control:** X

Solución: Utilizando anillo de guía de test en proceso final para detectar forma de piezas   **Alarma:**

Mejora clave: Plantilla modificada para detectar piezas defectuosas

Descripción del proceso: Se producían piezas mediante fundidora a presión o prensa y se inspeccionaban las deformidades.

Antes de mejora:

Los productos mal conformados producidos en estos procesos no se descubrían a veces por simple inspección visual antes de que los productos se entregasen, lo que llevaba a reclamaciones de los clientes.

no defectuoso

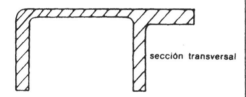

sección transversal

defectuoso

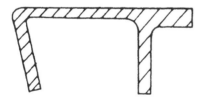

Después de mejora:

Se utiliza una plantilla conformada exactamente a las dimensiones exactas del producto, en el proceso final de prensa, de forma que las piezas defectuosas no pueden seguir adelante. Esto ha eliminado completamente la entrega de productos defectuosos.

no defectuoso

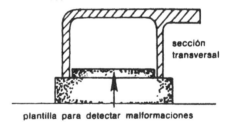

sección transversal

plantilla para detectar malformaciones

defectuoso

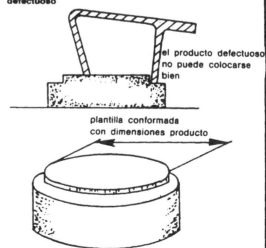

el producto defectuoso no puede colocarse bien

plantilla conformada con dimensiones producto

● *Ejemplo 40*

Proceso: Ajuste con prensa

Problema: Ajuste insuficiente de las piezas

Solución: Colocación de compuerta en plantilla para chequear
presión insuficiente

Mejora clave: Plantilla modificada para detectar piezas defectuosas

Prevención error:

Detección error: X

Parada:

Control: X

Alarma:

Descripción del proceso: La pieza A se inserta en una plantilla y la pieza B se inserta a presión en el agujero de la pieza A.

Antes de mejora:

Se suponía que los trabajadores inspeccionaban las piezas para asegurar que la inserción era suficiente, pero, a menudo, no se advertía la insuficiencia de una inserción por falta de cuidado.

Después de mejora:

Se ha instalado una compuerta en la plantilla. Si la pieza B no se ha insertado suficientemente, golpea contra la compuerta, evitando que el operador retire la pieza de trabajo de la plantilla.

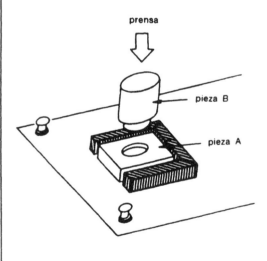

prensa

pieza B

pieza A

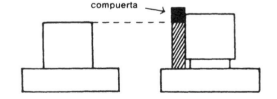

compuerta

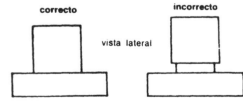

correcto

incorrecto

vista lateral

● *Ejemplo 41*

Proceso: Ajustes irregulares de manguitos en ejes
Problema: Salientes irregulares en el eje impiden un asentamiento correcto
Solución: Se chequea el eje con un calibre antes de montar los manguitos

Mejora clave: Uso de calibre para inspección

Prevención error: X

Detección error:

Parada:

Control: X

Alarma:

Descripción del proceso: Se encajaban a presión los manguitos sobre los ejes. Los manguitos se retiraban del horno de recalentamiento y se presionaban sobre los ejes.

Antes de mejora:

Ocurrían problemas cuando los manguitos no encajaban apropiadamente como consecuencia de suciedad o salientes irregulares en el eje. Si los manguitos no podían presionarse fácilmente después del calentamiento, los operadores los golpeaban con un martillo o utilizaban la fuerza para retirarlos y pulir entonces los ejes con lija. Estas técnicas dañaban los manguitos.

no defectuoso

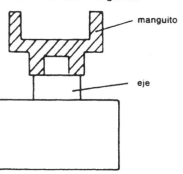
manguito
eje

defectuoso

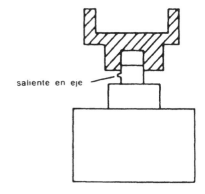
saliente en eje

Después de mejora:

Ahora se usan un conmutador de límite, un calibre y un conmutador fotoeléctrico conjuntamente para chequear que las dimensiones del eje son correctas antes del proceso. Cuando el eje está apropiadamente montado en la plantilla, el conmutador de límite activa el conmutador fotoeléctrico. Si el calibre ajusta perfectamente en el eje, el conmutador interrumpe el rayo de luz y hace una señal visual indicando que el manguito encajará en el eje.

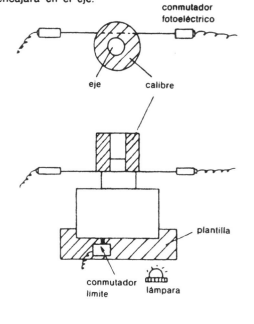
conmutador fotoeléctrico
eje
calibre
plantilla
conmutador límite
lámpara

● *Ejemplo 42*

Proceso: Desbarbado piezas moldeadas por inyección

Problema: Omisión desbarbado

Solución: Añadido vástago detector a proceso siguiente

Mejora clave: Plantilla modificada para detectar piezas defectuosas

Prevención error:

Detección error: X

Parada:

Control: X

Alarma:

Descripción del proceso: Si las irregularidades no se retiraban después del moldeo por inyección, el defecto no se descubría hasta la inspección posterior al montaje final.

Antes de mejora:

Las piezas se desbarbaban mediante inspección visual después del moldeo por inyección, pero los operadores a veces pasaban por alto piezas defectuosas.

no defectuoso

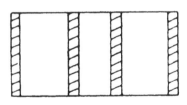

sección transversal

defectuoso

rebabas

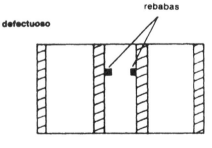

Después de mejora:

Ahora se emplea una plantilla con vástago detector en el proceso siguiente. Si el item es defectuoso, la pieza tropieza contra el vástago y no puede colocarse hasta el final de la plantilla. Se han eliminado por completo los errores de desbarbado.

vástago detector

no defectuoso

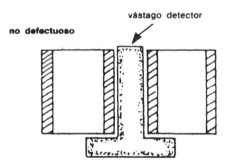

defectuoso

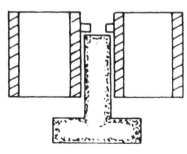

● *Ejemplo 43*

Proceso: Taladrado

Problema: Agujeros no taladrados hasta la profundidad requerida

Solución: Conmutadores de límite detectan el comienzo del taladro y la profundidad apropiada

Mejora clave: Herramienta modificada para garantizar el proceso correcto

Prevención error:

Detección error: X

Parada:

Control:

Alarma: X

Descripción del proceso: Una serie de agujeros se taladraban en una placa.

Antes de mejora:

La habilidad de los trabajadores decidía cuando el agujero había sido taladrado hasta la profundidad correcta. Sin embargo, a veces el taladro se retraía antes de haber recorrido toda la longitud necesaria, con el resultado de taladrados defectuoso. Con ello, se producían problemas durante el montaje.

Después de mejora:

Se han montado dos conmutadores de límite en el taladro de la perforadora. El taladrado defectuoso se indica si el conmutador 1 está abierto y el 2 queda bloqueado. Suena una alarma para alertar al operador.

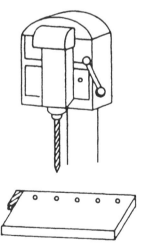

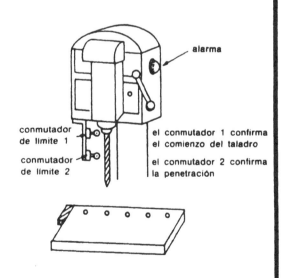

conmutador de límite 1

conmutador de límite 2

alarma

el conmutador 1 confirma el comienzo del taladro

el conmutador 2 confirma la penetración

● *Ejemplo 44*

Proceso: Soldadura de piezas eléctricas
en motores

Problema: Puentes de soldadura

Solución: Proveer barreras a la soldadura en la pieza moldeada

Mejora clave: Pieza modificada para garantizar proceso correcto

Prevención error: X

Detección error:

Parada:

Control: X

Alarma:

Descripción del proceso: Ciertos componentes de motor tenían hilos eléctrico soldados en cinco puntos de una pieza aislante moldeada.

Antes de mejora:

Los espacios entre las arandelas a soldar eran muy pequeños y se producían puentes de soldadura si los operadores tenían poco entrenamiento o eran poco cuidadosos.

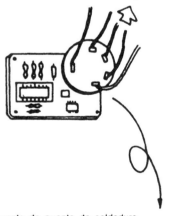

a motor y unidad energía

ejemplo de puente de soldadura

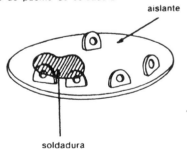

aislante

soldadura

Después de mejora:

Se ha mejorado la pieza aislante (se ha modificado el útil de moldeo) para proveer separadores entre las arandelas soldadas. Estos separadores actúan como barreras para la soldadura de forma que ésta no puede conectar dos arandelas. Se han eliminado completamente los puentes de soldadura.

pieza aislante mejorada con barreras

● *Ejemplo 45*

Proceso: Taladrado

Problema: Pieza de trabajo colocada incorrectamente

Solución: Añadido vástago a la plantilla

Mejora clave: Plantilla modificada para garantizar posicionamiento correcto

Prevención error: X	**Parada**:
Detección error:	**Control**: X
	Alarma:

Descripción del proceso: Las piezas de trabajo tenían un conjunto de agujeros que se punzonaban con una prensa revólver. Después se montaban sobre la plantilla de una perforadora, donde se perforaban más agujeros. Era fácil confundir el lado frontal con el trasero y el derecho con el izquierdo.

Antes de mejora:

A veces las piezas de trabajo se colocaban en la perforadora con el lado delantero detrás, o con el derecho en la izquierda, lo que conducía a agujeros taladrados en posiciones erróneas.

montaje correcto

primer proceso   segundo proceso

montaje incorrecto

 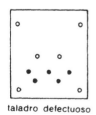

taladro defectuoso

Después de mejora:

Se ha montado en la plantilla un vástago en posición correspondiente a uno de los agujeros punzonados en el proceso previo. Solamente cuando la pieza se monta en la posición correcta encaja en la plantilla para taladrado.

montaje correcto

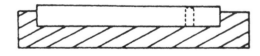

vástagos que evitan montaje incorrecto

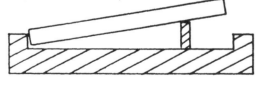

● *Ejemplo 46*

Proceso: Inspección piezas con tallado cónico	**Prevención de error:**	**Parada:**
Problema: No detectadas piezas no biseladas	**Detección error:** X	**Control:** X
Solución: Mejorado el calibrador para detectar biselado		**Alarma:**
Mejora clave: Modificado el calibre de test de la pieza		

Descripción del proceso: El tallado en cono de cierta pieza mecanizada se inspeccionaba con un calibre modelado con el mismo perfil que la pieza. Se suponía que la pieza tenía un borde biselado en el fondo del cono.

Antes de mejora:

El calibre medía solamente las dimensiones de la pieza y no chequeaba el biselado del borde de las piezas. No se detectaba la falta de biselado.

Después de mejora:

El perfil del calibre se ha mejorado de forma que chequea las dimensiones y el biselado.

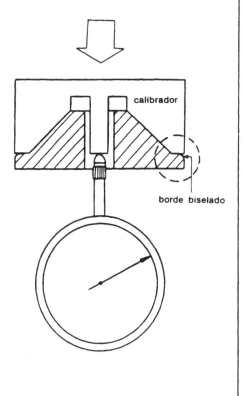

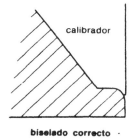

biselado correcto

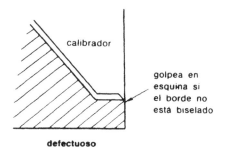

defectuoso

● *Ejemplo 47*

Proceso: Perforado roscado de agujeros en tubos   **Prevención error:** X   **Parada:**

Problema: Tubos no posicionados correctamente   **Detección error:**   **Control:** X

Solución: Guía adicional en plantilla   **Alarma:**

Mejora clave: Plantilla modificada para garantizar posicionamiento correcto

Descripción del proceso: Los tubos cilíndricos se colocaban en una plantilla de una perforadora y se anclaban contra un indicador de forma que los agujeros podían perforarse en el asiento roscado.

Antes de mejora:

Aunque había un anclaje de posicionamiento en la plantilla, era posible anclar la pieza de trabajo de forma que el tubo estuviese fuera de posición, con el resultado de agujeros descentrados o mal alineados.

Después de mejora:

Se ha provisto un segundo anclaje que evita el posicionamiento incorrecto de la pieza de trabajo. Esto regula la alineación de las piezas de trabajo y ha eliminado completamente los defectos.

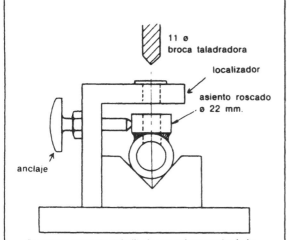

El asiento roscado del cilindro se coloca contra la localización y se mantiene en posición con una pata apretada con tornillo

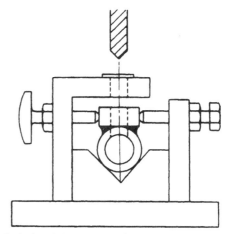

Se ha instalado una segunda pata para prevenir alineaciones incorrectas

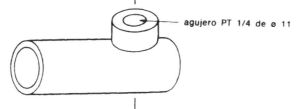

● *Ejemplo 48*

Proceso: Perforado multibroca

Prevención error: X

Parada:

Problema: Montaje de la pieza de trabajo en plantilla en posición errónea

Detección error:

Control: X

Solución: Bloques adicionales de guía en plantilla

Alarma:

Mejora clave: Plantilla modificada para garantizar posicionamiento correcto

Descripción del proceso: Los agujeros se perforaban en los rebordes de las piezas de trabajo utilizando una perforadora multibroca.

Antes de mejora:

Era posible montar la pieza de trabajo en la plantilla en posición errónea. Se producían defectos cuando se perforaban agujeros en posición errónea.

Después de mejora:

Se han añadido tres bloques de guía a la plantilla existente, mejorándola de forma que es imposible montar la pieza de trabajo en posición errónea.

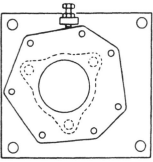

posición incorrecta

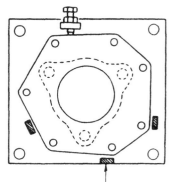

guías adicionales

7 agujeros taladrados, Ø 9 m.
PCD 148 mm.
distancia 181

● *Ejemplo 49*

Proceso: Roscado   **Prevención error:**   **Parada:**

Problema: Profundidad de roscado no suficiente   **Detección error:** X   **Control:**

Solución: Microconmutador para detectar la penetración del macho.   **Alarma:** X

Mejora clave: Plantilla modificada para garantizar procesamiento correcto.

Descripción del proceso: Los agujeros se perforaban y roscaban en materiales de aluminio.

Antes de mejora:

El roscado se chequeaba con un calibre de tornillo después de roscar los agujeros.
Sin embargo, resultaban a menudo piezas con una profundidad de roscado insuficiente debido a errores en el montaje del macho de roscar.

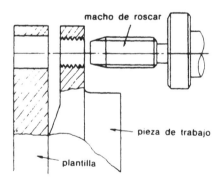

Después de mejora:

Se ha instalado en la plantilla un microprocesador para chequear la penetración del macho de roscar. Por este medio se detectan tanto la rotura de la herramienta como los errores en el montaje de la misma.

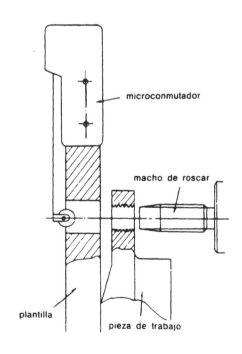

● *Ejemplo 50*

Proceso: Alimentador automático de piezas   **Prevención error:** X   **Parada:**

Problema: Volteo de posicionamiento de piezas   **Detección error:**   **Control:**   X

Solución: Mejora de compuertas automáticas   **Alarma:**

Mejora clave: Modificada canaleta para garantizar posicionamiento correcto

---

Descripción del proceso: Las piezas se alimentaban una a una por un alimentador automático a un proceso para mecanizar ranuras en ejes.

Antes de mejora:

Las compuertas para la alimentación individual de ejes por sus canaletas, estaban pobremente diseñadas y, a veces, los ejes se volteaban en su posición en la canaleta debido al impacto con la compuerta. Entonces se cortaban las ranuras en el extremo erróneo de la pieza, y no se cortaban ranuras donde eran necesarias.

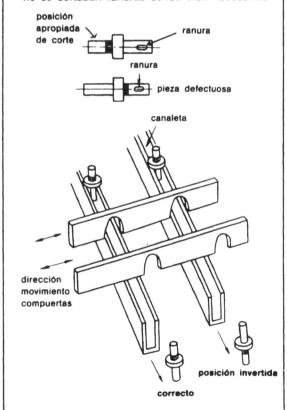

Después de mejora:

Se han rediseñado las compuertas para que los ejes desciendan suavemente por las canaletas, evitando el volteo debido al impacto.

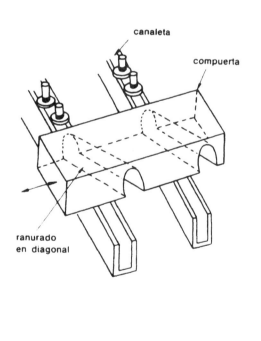

● *Ejemplo 51*

Proceso: Mecanizado

Problema: Muescas en piezas sostenidas en la mano durante el mecanizado o mecanizadas mal centradas

Solución: Plantilla que elimina la sustentación manual

Mejora clave: Uso de plantilla para garantizar proceso correcto

Prevención error: X

Detección error:

Parada:

Control: X

Alarma:

Descripción del proceso: Los ejes se remataban en una máquina

Antes de mejora:

Los trabajadores sostenían con las palmas de sus manos los ejes mientras se procesaban. Esto requería habilidad y tiempo porque las piezas de trabajo se inestabilizaban y eran difíciles de centrar. Adicionalmente, era probable que los ejes sostenidos con las manos se golpeasen y se hiciesen muescas.

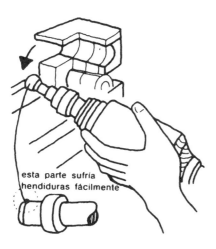

esta parte sufría hendiduras fácilmente

Después de mejora:

Se han diseñado plataformas para sostener las piezas. La plantilla y los ejes se pueden ahora centrar rápida y precisamente, evitando daños en las piezas.

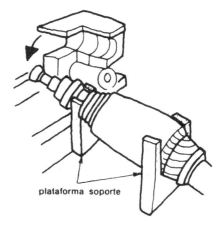

plataforma soporte

la plataforma posiciona el eje con seguridad durante el mecanizado

● *Ejemplo 52*

Proceso: Corte con oxiacetileno de grandes planchas curvadas **Prevención error:** X **Parada:**

Problema: Bordes mal cortados **Detección error:** **Control:** X

Solución: Posicionamiento automático de las planchas que se cortan **Alarma:**

Mejora clave: Plantilla modificada para garantizar posicionamiento correcto

Descripción del proceso: Se cortaban grandes planchas curvadas de acero con un soplete de acero automático en preparación para la construcción de tanques. Las planchas se montaban sobre soportes de vaivén que se movían conforme se realizaba el corte de forma que el soplete de corte permanecía horizontal.

Antes de mejora:

El trabajador operaba el elevador para el soporte oscilante manualmente buscando la sincronización con el movimiento del soplete de corte de forma que éste estuviese continuamente horizontal. Sin embargo, un operador estaba al cargo de algunas unidades, y si no tenía cuidado, o si estaba apartado, los soportes se movían tarde o no se movían, resultando cortes defectuosos y bordes inadecuados.

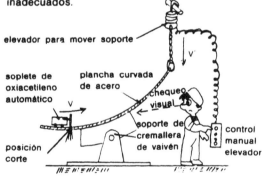

corte correcto

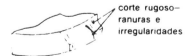

defectuoso

Después de mejora:

Se ha incorporado un temporizador al elevador del soporte para sincronizar la velocidad del elevador con la del soplete de corte automático, de forma que la herramienta de corte está siempre horizontal. Esto ha hecho posible alimentar el filo automáticamente y asegurar buenos resultados de corte.

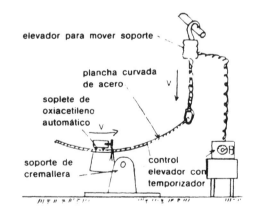

● *Ejemplo 53*

Proceso: Corte de material en bruto, con mecanis-   **Prevención error:** X   **Parada:** X
mo de alimentación por gravedad

Problema: Problemas de posicionamiento   **Detección error:**   **Control:**

Solución: Instalar conmutador de límite para detectar posicionamiento apropiado **Alarma:** X

Mejora clave: La operación se para si la pieza no está posicionada

---

Descripción del proceso: Una máquina de taller automática simplificada se utilizaba para cortar piezas de trabajo desde materiales en bruto. El material en bruto se alimentaba por gravedad, topaba contra una plantilla de contacto, y se cortaba con un soplete de corte de gas.

Antes de mejora:

Conforme se cortaba más y más material en bruto, el suministro de material se aligeraba más hasta que resultaba demasiado ligero para autoposicionarse contra el contacto con la precisión requerida. Como resultado, ocurrían defectos.

Después de mejora:

Se ha montado un conmutador de proximidad dentro de la plantilla de contacto que controla el mecanismo de forma que la herramienta de corte operará sólo si el conmutador indica que la pieza de trabajo está precisamente colocada contra el contacto. Una luz destelleante notifica al operador si la pieza de trabajo está posicionada inapropiadamente.

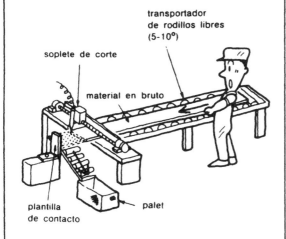

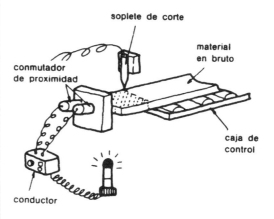

● *Ejemplo 54*

Proceso: Transporte de ejes largos y estrechos en un transportador de cinta   **Prevención de error:** X   **Parada:**

Problema: Los ejes golpean contra las juntas en el transportador   **Detección error:**   **Control:**   X

Solución: Cambio de posiciones de elementos estabilizadores   **Alarma:**

Mejora clave: Modificado transporte para garantizar posicionamiento correcto

Descripción del proceso: Ejes largos y estrechos se transportan en un transportador de cinta.

Antes de mejora:

Después de que el diámetro de los ejes se redujo el 10 por ciento y la velocidad del transportador se incrementó del 30 al 40 por ciento, la tasa de ejes que golpeaban contra las juntas subió rápidamente.

Después de mejora:

Después de considerar cuidadosamente la dinámica, partiendo del estado estático, se determinó que debería mejorarse la geometría de los mecanismos estabilizadores. La guía para mantener el eje vertical conforme se mueve en las curvas del transportador se elevó hasta cerca del centro de gravedad del eje, y la guía del raíl superior se elevó por encima del centro de gravedad. Estas modificaciones han mejorado la estabilidad del transporte de los ejes y han eliminado completamente los defectos.

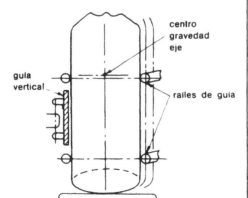

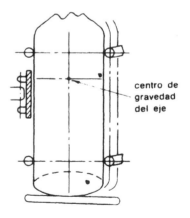

● *Ejemplo 55*

Proceso: Inspección de cubiertas de cassettes de cintas

Prevención error: X

Parada:

Problema: Rupturas de secuencia en la inspección de cassettes

Detección error:

Control: X

Solución: Uso de estante de cintas "primera entrada"-"primera salida"

Alarma:

Mejora clave: Herramienta modificada para garantizar procesamiento correcto

---

Descripción del proceso: Cuando se inspeccionaba una cubierta de cassette, el inspector utilizaba una serie de cassettes de cintas para chequear el rendimiento de la unidad. Era importante que el inspector realizase los tests en la secuencia apropiada y que se realizasen todos los tests.

Antes de mejora:

Se empleaba un estante con casilleros para almacenar las cintas. Si una cinta accidentalmente se colocaba sobre la mesa de trabajo o se llevaba a otro lado, el inspector podía perder la noción de hasta dónde había llegado la inspección. Podían ocurrir errores porque el inspector pensaba que inspecciones no realizadas si se habían hecho.

Después de mejora:

Se ha desarrollado un nuevo soporte "primero entrado"-"primero salido" que expende las cintas en el orden apropiado para test. Cuando una cinta se retira para uso, la cinta siguiente se desliza hacia abajo, lista para uso. Cuando una cinta se ha utilizado, el inspector la coloca en lo alto del soporte, donde permanece en el orden correcto. Se han eliminado completamente los errores en la secuencia de test.

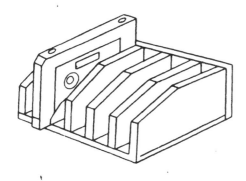

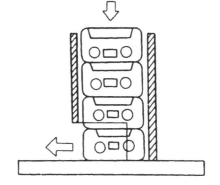

● *Ejemplo 56*

Proceso: Avellanado

Problema: Piezas avellanadas por el lado equivocado

Solución: Evitación de errores con nueva plantilla

Mejora clave: Plantilla modificada para garantizar posicionamiento correcto

Prevención del error: X

Detección error:

Parada:

Control: X

Alarma:

Descripción del proceso: Se avellanaba un agujero para tornillo en una pequeña pieza.

Antes de mejora:

Era posible colocar la pieza sobre la plantilla de la máquina con los lados cambiados, avellanando el lado erróneo.

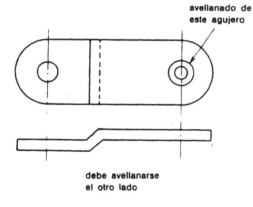

avellanado de este agujero

debe avellanarse el otro lado

Después de mejora:

Se ha diseñado una nueva plantilla con un vástago poka-yoke que evita que la pieza se coloque con los lados cambiados. Se ha eliminado completamente el avellanado en el lado inverso.

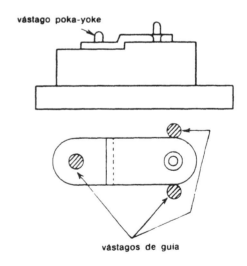

vástago poka-yoke

vástagos de guía

Errores de montaje

● *Ejemplo 57*

Proceso: Tensado de tuercas   **Prevención error:** X   **Parada:**

Problema: Omisión de arandelas   **Detección error:**   **Control:**   X

Solución: Modificar aprietatuercas de forma que las tuercas no puedan apretarse   **Alarma:**
si se ha omitido la arandela

Mejora clave: Herramienta modificada para garantizar proceso correcto

---

Descripción del proceso: Las tuercas se apretaban utilizando un aprietatuercas automático.

Antes de mejora:

Era posible apretar las tuercas incluso aunque se hubiesen omitido las arandelas, y el chequeo de las arandelas dependía de la vigilancia de los trabajadores. Ocurrían defectos cuando se apretaban las tuercas omitiendo las arandelas.

Después de mejora:

Se ha construido un tope dentro del aprietatuercas. Si se ha omitido la arandela, el perno golpea contra el tope y evita que la herramienta apriete la tuerca. Nota: para que trabaje esta poka-yoke, deben controlarse cuidadosamente las variaciones en la longitud del perno.

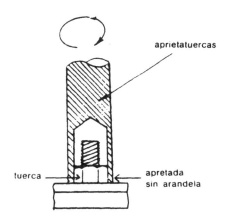

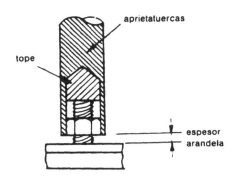

● *Ejemplo 58*

Proceso: Cambios de montaje de útiles de moldeo con puentes separadores

Prevención error: X

Parada:

Problema: Colocación defectuosa de los puentes

Detección error:

Control: X

Solución: Cambio de forma del cuerpo del útil.

Alarma:

Mejora clave: Util modificado para garantizar el proceso correcto

---

Descripción del proceso: En las operaciones de moldeo, se reemplazaban los puentes separadores para alterar el perfil del útil para diferentes modelos.

Antes de mejora:

Como consecuencia de que los puentes eran simétricos en sus extremos derecho e izquierdo, a veces se montaban en posición inversa por operadores sin experiencia, lo que conducía a defectos.

Después de mejora:

Se ha cambiado la forma del puente para evitar el montaje a la inversa. Se han eliminado completamente los defectos debidos a la colocación defectuosa de los puentes.

matriz de moldeo

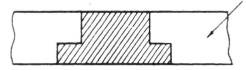

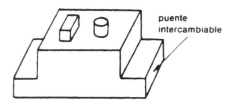
puente intercambiable

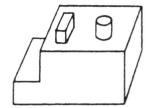

● *Ejemplo 59*

Proceso: Montaje de condensadores variables en placas de circuitos

Prevención error: X

Parada:

Problema: Roturas de terminales montados

Detección error:

Control: X

Solución: Cambio en método de conexión

Alarma:

Mejora clave: Pieza modificada para protegerla de daños

Descripción del proceso: Condensadores variables (con potenciómetros incorporados) se montaban en placas de circuitos. El terminal del potenciómetro estaba situado en lo alto del condensador, y era importante evitar que otros componentes contactasen el terminal.

Antes de mejora:

Se pegaba tubo plástico sobre la conexión terminal para evitar el contacto con otros componentes. Sin embargo, tenía que aplicarse fuerza sobre el terminal para meter el tubo, y con la presión el terminal a veces se rompía.

Después de mejora:

Se ha desarrollado un nuevo método de colocación y aislamiento del terminal. El trabajo adicional resulta innecesario, y los defectos causados por la entubación se han eliminado completamente. También se ha reducido el tiempo de montaje.

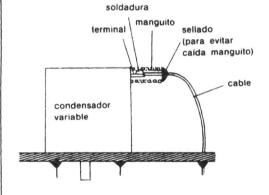

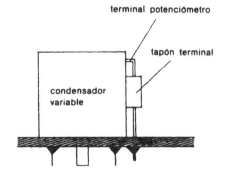

● *Ejemplo 60*

Proceso: Montaje de unidades de control de cassettes de cintas   **Prevención error:** X   **Parada:**

Problema: Confusión en el orden de los items   **Detección error:**   **Control:**   X

Solución: Agrupar los items como una pieza hasta el montaje   **Alarma:**

Mejora clave: Pieza modificada para garantizar el posicionamiento correcto

---

Descripción del proceso: Se montaban las palancas de las unidades de control de las cassettes de cintas.

Antes de mejora:

Se montaban separadamente cada una de las palancas A, B, C y D. Era difícil diferenciar estas piezas sin prestar una considerable atención, y ocurrían defectos cuando se confundían las piezas.

Después de mejora:

Se han agrupado juntas las cuatro palancas que antes se confundían. Las palancas se combinan en una unidad por medio de una pieza acopladora. Después del montaje en el cuerpo del cassette, la pieza acopladora se rompe. Los errores de montaje se han eliminado completamente. Solamente se precisa un número de código de pieza y el número de horas de trabajo se ha reducido.

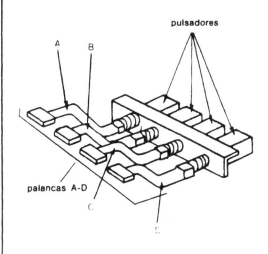

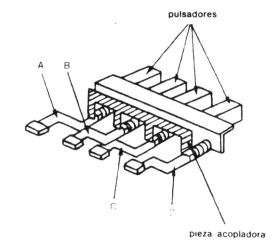

● *Ejemplo 61*

Proceso: Montaje de cajas de películas gruesas ICs híbridas

Problema: Montaje de cajas al revés

Solución: Diseño de un vástago interferente en la caja

Mejora clave: Pieza modificada para garantizar posicionamiento correcto

Prevención error: X

Detección error:

Parada:

Control: X

Alarm:

Descripción del proceso: Se montaban cajas sobre película gruesa Ics híbrida.

Antes de mejora:

Era difícil ver por la apariencia exterior de la caja en qué dirección tenía que montarse la misma.

Después de mejora:

Se ha diseñado un pequeño cilindro en el interior de la caja que actúa como vástago interferente previniendo que la caja se monte en dirección errónea. Se han eliminado completamente los errores de montaje, consiguiéndose una fiabilidad del 100 por cien.

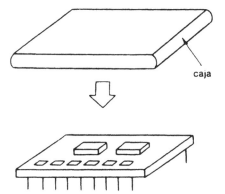

caja

el cilindro tropieza
una parte en la IC si la
caja se monta a la inversa

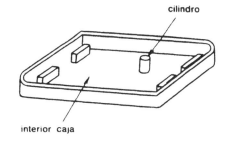

cilindro

interior caja

● *Ejemplo 62*

Proceso: Montaje de LEDs en placas de circuitos   **Prevención error**: X   **Parada**:

Problema: Los montajes invertidos de los LEDs   **Detección error**:   **Control**:   X
               causaban defectos de polaridad
Solución: Modificar los contactos para corresponder con las diferentes   **Alarma**:
               longitudes de ánodo y cátodo
Mejora clave: Pieza modificada para garantizar posicionamiento correcto

---

Descripción del proceso: Se montaban LEDs sobre la ventana de un mecanismo de medición electrónica.

Antes de mejora:

   A menudo los LEDs se montaban con el ánodo y el cátodo en posición invertida.

Después de mejora:

   Se ha analizado el defecto y se ha aprovechado la forma de las piezas para desarrollar la mejora. Los terminales de ánodo y cátodo de los LEDs tienen diferentes longitudes. Por tanto, la longitud de los contactos del LED se ha hecho encajar con la longitud de los terminales, haciendo imposible la inserción completa de los LEDs hasta la posición del tope si se insertan a la inversa. Se han eliminado completamente los defectos debidos al montaje inverso de los LEDs.

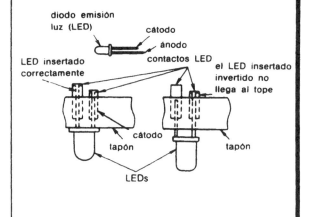

● *Ejemplo 63*

Proceso: Montaje de placas de circuitos

Problema: Omisión de agujeros de montaje en las placas de circuitos

Solución: Vástagos detectores instalados en plantilla de inspección

Mejora clave: Plantilla modificada para detectar piezas defectuosas

Prevención error:

Detección error: X

Parada:

Control: X

Alarma:

Descripción del proceso: Las placas de circuitos se inspeccionaban y posteriormente se ensamblaban en montaje.

Antes de mejora:

A veces las placas de circuitos no podían ensamblarse en sus montajes porque no se habían taladrado en ellas los orificios de atornillado. Los trabajadores de los procesos anteriores se apoyaban en chequeos visuales para determinar si se habían taladrado los orificios.

Después de mejora:

Se han instalado vástagos detectores en la plantilla utilizada para chequear las placas de circuitos después del cableado. Las placas de circuitos sin los agujeros apropiados no pueden montarse en la plantilla. Ahora se detectan todas las placas de circuitos en las que faltan agujeros de montaje antes de que se envíen a dicho montaje.

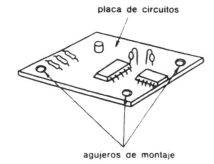

placa de circuitos

agujeros de montaje

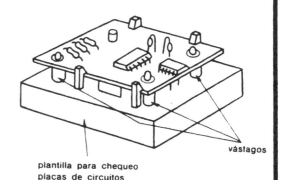

vástagos

plantilla para chequeo placas de circuitos

● *Ejemplo 64*

Proceso: Ajuste en prensa de ejes

Problema: Los ejes se rayaban como consecuencia de una inserción inapropiada en la plantilla

Solución: Uso de magnetos para posicionar el eje

Prevención error X

Detección error:

Parada:

Control: X

Alarma:

Mejora clave: Plantilla modificada para garantizar posicionamiento correcto

Descripción del proceso: Los ejes se insertaban en una plantilla receptora para su ajuste en prensa.

Antes de mejora:

Si el eje no se insertaba en posición recta en la plantilla receptora, chocaba con la plantilla y se rayaba.

Después de mejora:

Se ha montado un magneto para asegurar que el eje se inserte en la plantilla en posición perpendicular. Se han eliminado completamente los daños en los ojos.

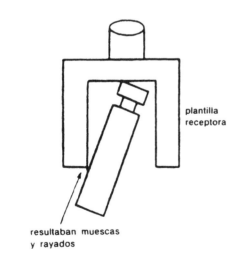

plantilla receptora

resultaban muescas y rayados

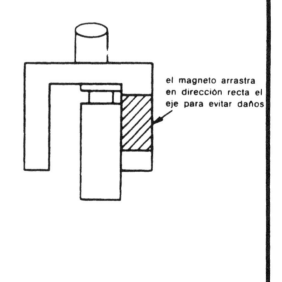

el magneto arrastra en dirección recta el eje para evitar daños

● *Ejemplo 65*

Proceso: Proceso de una variedad de materiales   **Prevención error:** X   **Parada:**
de diferentes tamaños

Problema: Errores de posicionamiento y montaje   **Detección error:**   **Control:**   X

Solución: Utilizar un solo montaje para todos los items   **Alarma:**

Mejora clave: Modificadas pieza y plantilla para garantizar posicionamiento correcto

Descripción del proceso: Se procesaban un cierto número de placas diferentes utilizando una misma plantilla.

Antes de mejora:

Se utilizaban los bordes de las placas como referencias de posicionamiento. Las referencias de posicionamiento tenían que rehacerse para cada tamaño diferente, resultando errores de montaje.

Después de mejora:

Se han modificado el proceso y los · materiales de forma que sólo es necesario una preparación para todas las placas, cualesquiera que sea su tamaño. Se han construido vástagos de localización en la plantilla correspondientes a los dobles agujeros que se taladran en el centro de cada placa de forma que las placas de todos los tamaños se posicionan correcta y automáticamente meramente montándolas sobre la plantilla. Los errores de proceso se han eliminado completamente.

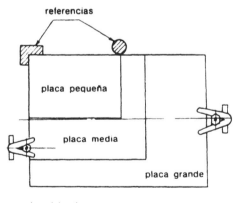

se usaba el borde
superior como referencia

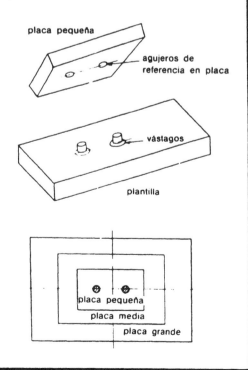

● *Ejemplo 66*

Proceso: Montaje de cámaras   **Prevención error:**   **Parada:**

Problema: Chasis de cámaras y tapa posterior   **Detección error:** X   **Control:**
encajados incorrectamente

Solución: Añadir chequeo del montaje en el chequeo automático de enfoque   **Alarma:**   X

Mejora clave: Herramienta modificada para hacer test adicional

---

Descripción del proceso: En un proceso de montaje de cámaras, se montaban tapas posteriores al cuerpo de la cámara. Algunas veces, una tapa trasera con funciones de impresión de fechas se incorporaba a una unidad regular, o una tapa de cámara regular se montaba en un chasis de cámara con funciones de impresión de fecha.

Antes de mejora:

En un proceso siguiente los trabajadores hacían chequeos visuales para verificar si las cámaras se habían ensamblado con los chasis y tapas correctos y rechazaban las cámaras incorrectas. Los chequeos dependían enteramente de la vigilancia de los trabajadores. Resultaban errores inadvertidos y algunas unidades defectuosas se movían a veces por la línea.

Después de mejora:

Como el proceso de montaje de la tapa trasera estaba combinado con el chequeo del enfoque automático, el mecanismo para el foco automático se mejoró de forma que el obturador no opera durante el chequeo si ha habido errores en el montaje de la tapa. Esto ha hecho posible detectar perfectamente las tapas erróneas durante el proceso de montaje.

	Cuerpo	Tapa trasera	Pasa/no pasa	Interruptor		Obturador
1	cuerpo regular	tapa regular	○	cuerpo OFF	tapa OFF	libre
2	cuerpo regular	tapa función fecha	X	OFF	ON	no libre
3	cuerpo función fecha	tapa regular	X	ON	OFF	no libre
4	cuerpo función fecha	tapa función fecha	○	ON	ON	libre

Si la unidad principal y la tapa trasera están correctamente ensambladas, los dos conmutadores coinciden en posición, y el obturador puede trabajar, la unidad se mueve sin problemas. Si el obturador no puede trabajar, significa que la unidad se ha ensamblado incorrectamente, y no se mueve el proceso siguiente.

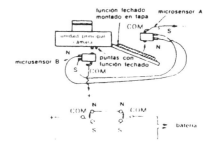

● *Ejemplo 67*

Proceso: Línea de montaje

Problema: Uso de piezas equivocadas

Solución: Cajas para suministro automático

Mejora clave: Selección automática de piezas

Prevención error: X

Detección error:

Parada:

Control: X

Alarma:

Descripción del proceso: Un cierto número de piezas pequeñas se almacenaban al lado de la línea de montaje para acortar el tiempo requerido cuando se cambiaba de modelo.

Antes de mejora:

Las piezas se almacenaban todas en cajas abiertas a lo largo de la línea y, a veces, las piezas a colocar se confundían y se producían desajustes.

Después de mejora:

Se han mejorado las cajas de almacenaje de forma que solamente pueden extraerse las piezas necesarias para un modelo particular. Se ha montado en la línea un conmutador de límite que detecta automáticamente el modelo de automóvil que se está ensamblando. Un mecanismo activado por el conmutador de límite tapa las cajas que no se tienen que utilizar. Esto ha eliminado los desajustes con las pequeñas piezas.

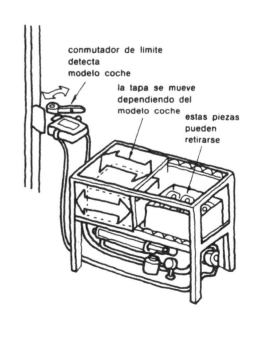

conmutador de límite detecta modelo coche

la tapa se mueve dependiendo del modelo coche

estas piezas pueden retirarse

● *Ejemplo 68*

Proceso: Verificación de plásticos   **Prevención error**: X   **Parada**:

Problema: Errores preparación máquina de test   **Detección error**:   **Control**: X

Solución: Patrones de preparación para cada tipo de plástico a verificar   **Alarma**:

Mejora clave: Calibre usado para inspección

Descripción del proceso: Un cierto número de lotes de plástico diferentes se verificaban utilizando una máquina de test. Era necesario preparar las condiciones, tales como temperatura, tiempo y presión, diferentes para cada modelo.

Antes de mejora:

   Ocurrían errores a veces cuando los operadores leían mal las escalas o las instrucciones. Por tanto, se producían a veces desviaciones en los tests, y era necesario repetirlos para confirmar los resultados.

Después de mejora:

   Se han preparado patrones transparentes para fijar las condiciones para cada diferente tipo de plástico. Cuando comienzan las operaciones, el operador primero chequea el tipo de plástico a verificar; entonces saca de la caja el patrón apropiado y lo fija sobre el panel de instrumentación. El patrón está marcado con las graduaciones correctas para cada uno de los diales e instrumentos del panel, asegurando que el test se hace con los procedimientos apropiados.

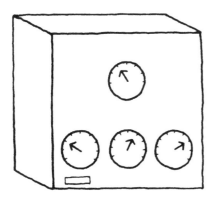

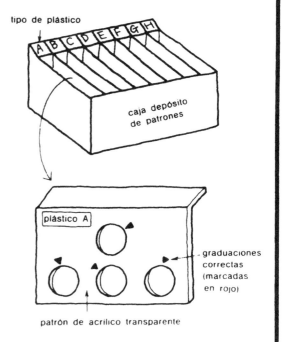

● *Ejemplo 69*

Proceso: Montaje de válvulas de rotores en carcasa

Problema: Las piezas se montaban cambiando los extremos

Solución: Mejora del estante de almacenaje

Prevención error:

Detección error:

Parada:

Control: X

Alarma:

Mejora clave: Plantilla modificada para garantizar posicionamiento correcto

Descripción del proceso: Las válvulas de rotores se montaban en carcasas. Había una diferencia en las dimensiones de 1 mm. entre A y B que no podía distinguirse por inspección visual.

Antes de mejora:

Las piezas llegaban en cajas con algunas piezas alineadas en la dirección de A y otras en la de B. Cada rotor se verificaba con calibres, pero, en algunos casos, las piezas se montaban inadvertidamente en la dirección errónea.

Después de mejora:

Se ha diseñado un soporte especial que distingue automáticamente entre las diferentes dimensiones de las piezas que se le colocan. Las piezas encajan en el soporte solamente en una dirección, lo que hace innecesario medirlas con calibres antes del montaje. Ya no hay necesidad de verificarlas cuidadosamente. Este proceso sirve también como proceso de inspección, detectando las ranuras cortadas en posiciones erróneas en procesos precedentes.

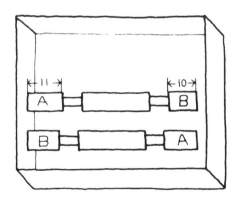

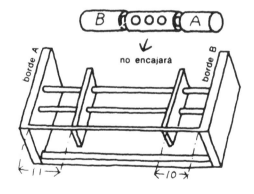

● *Ejemplo 70*

Proceso: Línea de montaje   **Prevención error:** X   **Parada:**

Problema: Rupturas de stock de piezas de uso   **Detección error:**   **Control:** X
común

Solución: Casilleros automáticos para piezas con detectores de mínimos   **Alarma:**
de stock

Mejora clave: Casilleros modificados para autotest

Descripción del proceso: Todos cuidaban siempre de asegurar un stock constante de piezas especiales necesarias en montaje, pero los suministros de uso común y propósito general tendían a pasar inadvertidos. Sin embargo, éstas son piezas necesarias para el montaje y el trabajo paraba sin ellas.

Antes de mejora:

En un área de trabajo se empleaban diferentes tamaños de pasadores rectos y tallados en cono. Los pasadores se arreglaban por tamaños y se almacenaban en un mueble de estantes, de donde se extraían cuando se necesitaban. Algunas veces se producían rupturas de stock de algunos pasadores, y esto paraba el montaje. Adicionalmente, algunos pasadores en los fondos de los casilleros permanecían allí largo tiempo y se estropeaban. El almacenaje de pasadores era negligente porque ninguna persona en particular monitorizaba el stock.

Después de mejora:

Se ha construido un mueble de almacenaje, con cajas conteniendo varios tamaños y formas de pasadores. Caja caja está equipada con un conmutador que detecta cuando quedan pocos pasadores y enciende una lámpara roja para dicha caja en un panel. Esto ha hecho posible notificar las adquisiciones a hacer inmediatamente, eliminando las prisas y la confusión, que eran las reglas en el pasado.

Los vástagos nuevos se colocan detrás y los que se extraen se retiran de delante. Este arreglo "primero entrado-primero salido" ha hecho posible evitar que algunos pasadores permanezcan largo tiempo y se deterioren.

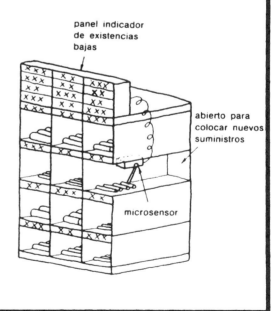

panel indicador
de existencias
bajas

abierto para
colocar nuevos
suministros

microsensor

● *Ejemplo 71*

Proceso: Montaje de piezas de unión

Problema: Piezas de unión montadas en dirección equivocada

Solución: Detector para evitar proceso posterior si las piezas están montadas al revés

Mejora clave: Plantilla modificada para detectar piezas defectuosas

Prevención error:

Detección error: X

Parada:

Control: X

Alarma:

Descripción del proceso: Las piezas de unión se montaban en travesaños y se soldaban por puntos.

Antes de mejora:

Las escuadras y bridas se montaban a veces al revés sobre travesaños. Si estas piezas no se detectaban, podían ensamblarse, conduciendo a defectos que tenían que rehacerse más tarde.

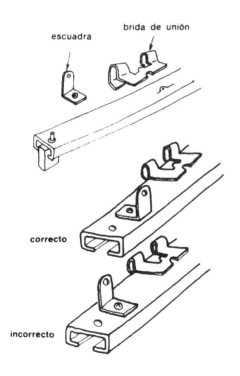

Después de mejora:

Se ha instalado un poka-yoke de hierro en ángulo en la plantilla del proceso siguiente para detectar los travesaños con escuadras montadas al revés impidiendo que la pieza se asiente en la plantilla.

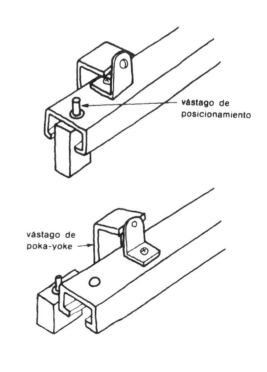

● *Ejemplo 72*

Proceso: Montaje pieza frontal de suelo en coches con dirección a la izquierda

Prevención error: X

Parada:

Problema: Se montan piezas frontales para coches con dirección a la derecha

Detección error:

Control: X

Solución: Modificar plantilla para evitar montaje desajustado

Alarma:

Mejora clave: Plantilla modificada para garantizar proceso correcto

Descripción del proceso: Se montaban piezas frontales en suelo de automóviles. Se empleaban piezas diferentes según el volante de dirección estuviese situado a la derecha o a la izquierda.

Antes de mejora:

Modelos que tenían situado el volante de dirección a la izquierda, a veces se construían con piezas frontales de suelo indicadas para coches con volante a la derecha.

chasis para volante a la izquierda

suelo frontal para volante a la derecha

Después de mejora:

Un conmutador de límite situado en el área de montaje de piezas de suelo detecta la llegada de un automóvil con volante de dirección a la izquierda. Esto hace que se eleve un vástago montado sobre un cilindro neumático penetrando en el agujero de la pieza para el volante situado a la izquierda. Si el vástago no penetra (el agujero para el volante a la derecha está en otra posición), la pieza no puede montarse.

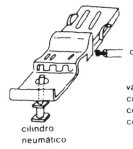

conmutador límite

cilindro neumático

vástago de posición se eleva cuando el conmutador de límite contacta con chasis automóvil con dirección a la izquierda

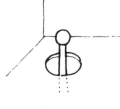

correcto
el vástago pasa por agujeros para caña de dirección

equivocado
la pieza frontal de suelo para dirección a la derecha no puede montarse sobre el vástago

● *Ejemplo 73*

Proceso: Inserción placas de circuitos en placas de apoyo

Problema: Se confundían las placas de circuitos de detección y las de circuitos de control

Solución: Vástagos de guía encajan con ranuras únicas en cada placa de circuitos

Mejora clave: Pieza modificada para garantizar posicionamiento correcto

Prevención error:

Detección error:

Parada:

Control:

Alarma:

Descripción del proceso: Se montaban placas de circuitos de dos clases de circuitos diferentes en placas de apoyo de un mecanismo electrónico.

Antes de mejora:

Las placas de los circuitos de detección y de los circuitos de control tenían idénticas clavijas de conexión y su apariencia y especificaciones eran similares. Por tanto, ocurrían errores cuando se intercambiaban accidentalmente, y los errores eran detectables solamente después del montaje final.

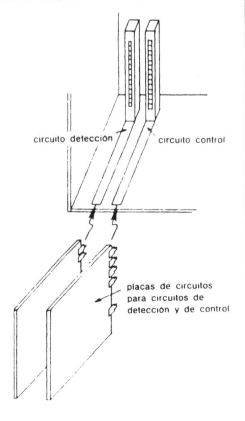

circuito detección   circuito control

placas de circuitos para circuitos de detección y de control

Después de mejora:

Se ha incorporado una guía distintiva específica a cada placa de apoyo y se han hecho las correspondientes ranuras diferentes en cada placa de circuitos para evitar mezclas en el montaje.

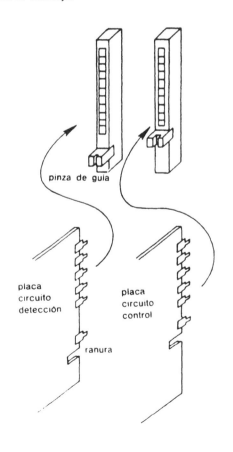

pinza de guía

placa circuito detección

placa circuito control

ranura

● *Ejemplo 74*

Proceso: Apretado de tuercas

Problema: Momentos de torsión insuficientes causados por caídas en la presión neumática

Solución: Sensor de la presión del aire

Mejora clave: Operación ligada al valor crítico de una cantidad física

Prevención error:

Detección error: X

Parada: X

Control:

Alarma: X

Descripción del proceso: Las tuercas se apretaban hasta un momento de torsión específica con un aprieta-tuercas automático dirigido por presión neumática suministrada por red de toda la fábrica.

Antes de mejora:

Si la presión neumática bajaba durante el apretado, sin avisar el problema, el transportador continuaba moviéndose. Por tanto, los pernos se tensaban con un momento de torsión insuficiente.

Después de mejora:

Se ha instalado un medidor de la presión del aire en la línea de suministro del mismo. Si la presión del aire desciende por debajo de un punto crítico, suena una alarma, destella una lámpara y para el transportador.

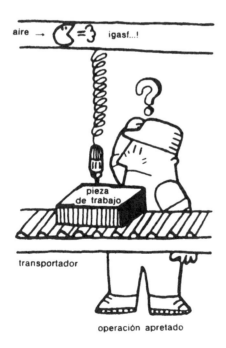

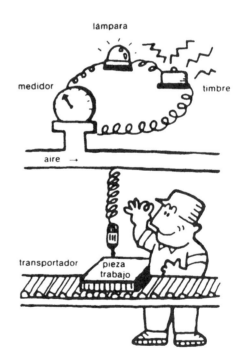

● *Ejemplo 75*

Proceso: Estampado

Prevención error: X **Parada:** X

Problema: Piezas de trabajo montadas incorrectamente en el útil

Detección error: **Control:**

Solución: Conmutador de límite para detectar montaje apropiado

Alarma:

Mejora clave: Plantilla modificada para garantizar posicionamiento correcto

Descripción del proceso: Los productos se montaban en un útil y se estampaban

Antes de mejora:

El operador chequeaba que los productos estuviesen bien situados antes de estampar. Sin embargo, resultaban muchos defectos de errores en el montaje de las piezas.

Después de mejora:

Se emplea un conmutador de límite para asegurar que no se puede activar la prensa a menos que el producto esté perfectamente colocado. Como resultado, se han eliminado completamente los defectos causados por errores de montaje.

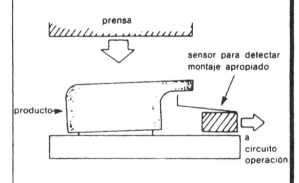

● *Ejemplo 76*

Proceso: Taladro de agujeros en placa lateral   **Prevención error**: X   **Parada**: X

Problema: Pieza montada a la inversa o con   **Detección error**:   **Control**:
los lados invertidos

Solución: Un conmutador de límite detecta las características asimétricas de   **Alarma**:
la pieza

Mejora clave: Plantilla modificada para garantizar posicionamiento correcto

---

Descripción del proceso: una placa lateral se ponía en posición en una perforadora y se taladraban agujeros de montaje. La pieza de trabajo era esencialmente simétrica, y era difícil distinguir de una ojeada entre anverso y reverso, aunque dos bordes estaban ranurados a todo lo largo de los mismos.

Antes de mejora:

Los trabajadores, cuando fijaban la pieza en posición, chequeaban para comprobar si el anverso y reverso de la placa estaban en posición correcta. Entonces taladraban los agujeros de montaje. Los trabajadores inexpertos a veces confundían anverso y reverso y taladraban los agujeros en posiciones erróneas. Incluso trabajadores veteranos a veces invertían la posición. Estos defectos se descubrían solamente en el montaje.

Después de mejora:

Se emplean los bordes ranurados en dos lados como guías para montar las placas correctamente. Un conmutador de límite se ha montado en la plantilla interconectado con el conmutador de arranque, de forma que es imposible activar la perforadora si la placa lateral está colocada en posición incorrecta. Los defectos debidos a los agujeros defectuosos se han eliminado completamente.

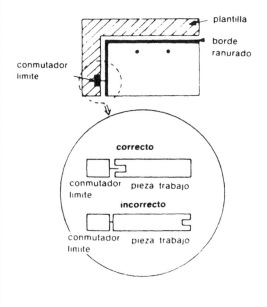

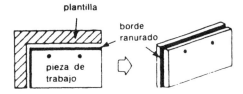

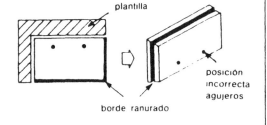

● *Ejemplo 77*

Proceso: Montaje de orejas en carcasa   **Prevención error:** X   **Parada:**

Problema: Carcasas montadas en plantilla al revés   **Detección error:**   **Control:** X

Solución: Adición de guía a la plantilla para evitar montaje inverso   **Alarma:**

Mejora clave: Plantilla modificada para garantizar posicionamiento correcto

Descripción del proceso: Las orejas se montaban en carcasas que eran aproximadamente simétricas en sus partes superior y fondo excepto por una ranura en el fondo.

Antes de mejora:

Se suponía que las carcasas tenían que insertarse en la plantilla con la ranura en el fondo. Sin embargo, el operador a veces, inadvertidamente, colocaba las cajas invirtiendo la posición correcta antes de montar la oreja, resultando un producto defectuoso.

correcto

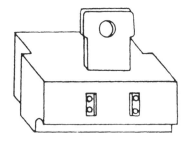

defectuoso

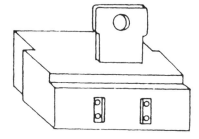

Después de mejora:

Se ha montado una guía en la plantilla de forma que las carcasas no pueden encajarse en la misma si se intentan montar al revés. Esto ha eliminado completamente los errores de montaje.

correcto

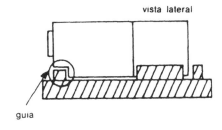

vista lateral

guía

inversión posición

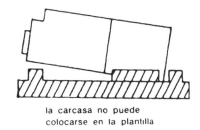

la carcasa no puede colocarse en la plantilla

● *Ejemplo 78*

Proceso: Taladrado

Problema: Piezas de trabajo montadas en posición invertida

Solución: Añadido vástago a la plantilla

Prevención error: X

Detección error:

Parada:

Control: X

Alarma:

Mejora clave: Plantilla modificada para garantizar posicionamiento correcto

Descripción del proceso: La pieza de trabajo se colocaba en una plantilla y se taladraba. La pieza tenía dos huecos ranurados en el lado inferior.

Antes de mejora:

Aunque los trabajadores estaban atentos, sucedía frecuentemente que las piezas de trabajo se colocaban en posición invertida y se taladraban así, con el resultado de defectos porque los agujeros estaban en posición incorrecta.

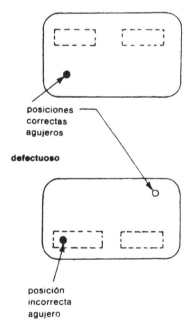

correcto

posiciones correctas agujeros

defectuoso

posición incorrecta agujero

Después de mejora:

Un vástago interferente se ha montado en la plantilla para que ajuste con uno de los huecos del fondo. Si una pieza de trabajo se coloca al revés, la pieza tropieza con el vástago y no puede taladrarse. Después del montaje del vástago, los errores han cesado completamente.

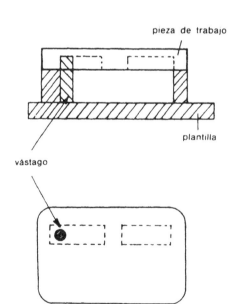

pieza de trabajo

plantilla

vástago

● *Ejemplo 79*

Proceso: Ajuste en prensa de tubo curvado   **Prevención error:**   **Parada:** X

Problema: Inserción en plantilla del extremo equivocado del tubo   **Detección error:** X   **Control:**

Solución: Detección del ajuste correcto empleando un calibrador por vacío   **Alarma:**

Mejora clave: Operación evitada si la pieza no se posiciona correctamente

Descripción del proceso: Se ajustaban en prensa tubos curvados empleando una plantilla, en la que se insertaban. Los tubos parecían simétricos, pero un extremo era un poco más largo que otro. El extremo más largo estaba biselado, y era el extremo correcto a insertar en la plantilla.

Antes de mejora:

El procedimiento consistía en biselar los tubos y chequear entonces visualmente el biselado para determinar el extremo a insertar en la plantilla. Sin embargo, las diferencias de longitud eran sólo de 2 mm., y era posible insertar los tubos a la inversa. A veces, los tubos eran ajustados en prensa al revés, con el resultado de defectos.

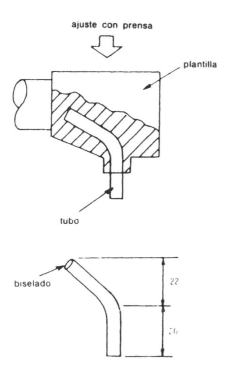

Después de mejora:

Si un tubo se monta a la inversa, entonces se produce una holgura entre el tubo y la plantilla. Se ha instalado un calibre de vacío en esta holgura interconectado con el circuito de energía de la prensa. Si el tubo se monta al revés, no hay vacío y es imposible activar el conmutador de la prensa. Los defectos se han eliminado completamente con esta medida.

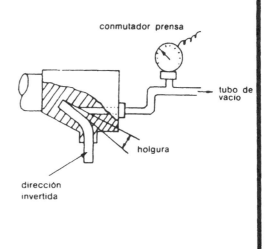

● *Ejemplo 80*

Proceso: Montaje de estribos de bloqueo forjados   **Prevención error:** X   **Parada:**

Problema: Montaje de estribos usando agujero equivocado   **Detección error:**   **Control:** X

Solución: Uso de vástagos de guia en plantilla para posicionar   **Alarma:**

Mejora clave: Uso de plantilla para garantizar posicionamiento correcto

Descripción del proceso: Placas laterales se fijaban a estribos de bloqueo utilizando un remache y un espaciador.

Antes de mejora:

Era posible unir la placa lateral al estribo de bloqueo en un agujero erróneo de este último.

Después de mejora:

Se ha diseñado una plantilla con vástagos de referencia para el agujero de enganche del montaje principal y con el reborde apropiado para mantener el estribo de bloqueo en la posición apropiada para el montaje.
Si la posición de colocación sobre la plantilla es inapropiada, la inserción completa es imposible.

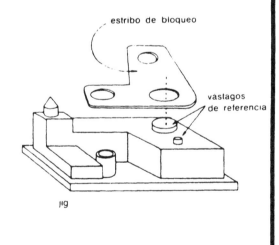

● *Ejemplo 81*

Proceso: Curvado

Prevención error:

Parada:

Problema: Piezas de trabajo montadas al revés en plantillas para curvado

Detección error:

Control: X

Solución: Vástagos de guía en plantillas

Alarma:

Mejora clave: Plantilla modificada para garantizar posicionamiento correcto

Descripción del proceso: Una placa con agujeros situados en diagonal en esquinas se curva en una prensa.

Antes de mejoras:

El trabajador verificaba la orientación en la pieza de trabajo antes de montarle en la plantilla. Sin embargo, a veces las piezas se procesaban con los lados invertidos. Los defectos se descubrían solamente en el montaje, causando retrasos en las entregas.

correcto

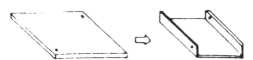

defectuoso

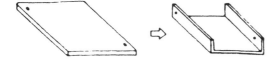

Después de mejora:

Se han montado dos vástagos en la plantilla que hacen imposible montar la pieza de trabajo con los lados invertidos. Este esquema ha eliminado los items defectuosos.

vástago que evita el montaje invertido

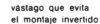
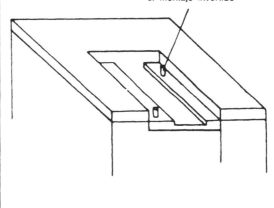

● *Ejemplo 82*

Proceso: Roscado   **Prevención error:** X   **Parada:**

Problema: Colocación incorrecta de la pieza   **Detección error:**   **Control:** X
                    de trabajo
Solución: Mejora de la plantilla   **Alarma:**

Mejora clave: Plantilla modificada para garantizar posicionamiento correcto

Descripción del proceso: Se mecanizaban pasos de tornillo en lugares específicos de una pieza de trabajo montada en una plantilla.

Antes de mejora:	**Después de mejora:**

Antes de mejora:

A veces las piezas de trabajo se montaban incorrectamente en la plantilla sin advertirlo el operador. En este caso se producían piezas defectuosas.

normal

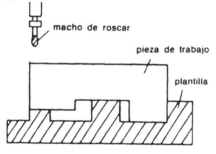

defectuoso

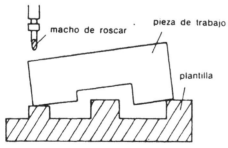

Después de mejora:

Se ha remodelado la plantilla montándose una placa de interferencia para asegurar que la pieza de trabajo se coloca en la posición correcta incluso aunque el operador no preste una gran atención. Se ha elevado la guía trasera y se ha movido la guía media para asegurar que la pieza de trabajo está localizada en la posición correcta.

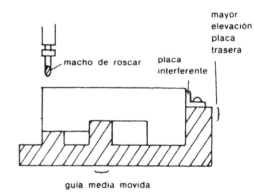

● *Ejemplo 83*

Proceso: Montaje   **Prevención error:** X   **Parada:**

Problema: Montaje de piezas equivocadas   **Detección error:**   **Control:** X

Solución: Depósito automático para las piezas   **Alarma:**

Mejora clave: Automatización de la selección de piezas

Descripción del proceso: En una línea de montaje el modelo se cambiaba varias veces cada día, y para acortar el tiempo requerido por los cambios de modelo, las piezas de todos los modelos están almacenadas cerca de la línea de montaje.

Antes de mejora:	**Después de mejora:**
Las piezas se guardaban en cajas abiertas, y a veces los operadores montaban inadvertidamente piezas equivocadas.	Se ha construido una estantería para piezas rotativas, con una única salida para entrega. Cuando se aprieta el botón de selección para un modelo particular, solamente se entregan las piezas necesarias para ese modelo. Es imposible retirar piezas para otro modelo, incluso accidentalmente.

cajas de piezas

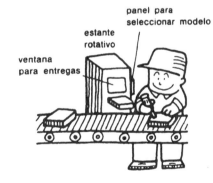

panel para seleccionar modelo

estante rotativo

ventana para entregas

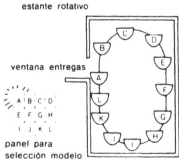

estante rotativo

ventana entregas

panel para selección modelo

● *Ejemplo 84*

Proceso: Montaje de engranajes   **Prevención error:** X   **Parada:**

Problema: Confusión entre dos engranajes   **Detección error:**   **Control:** X
similares

Solución: Cambiar método de montaje y diferenciar engranajes por el color   **Alarma:**

Mejora clave: Pieza modificada para garantizar posicionamiento correcto

---

Descripción del proceso: Un temporizador se equipaba con un mecanismo de selección de la frecuencia de la línea de energía de forma que podía emplearse en áreas con fuente de potencia de 50 a 60 Hz. Los engranajes para 50 y 60 Hz se instalan cerca el uno del otro en el mismo eje. La única diferencia entre estos dos engranajes era tres dientes.

Antes de mejora:

Era difícil distinguir a ojo los engranajes, y, como ajustaban intercambiablemente en el eje, se producían a menudo errores de montaje.

Después de mejora:

Se han mejorado los agujeros de los engranajes y el eje que se ajusta en los mismos, como se muestra en los dibujos. Adicionalmente. como los engranajes se hacen de plástico, el engranaje de 50 Hz ahora se hace de plástico blanco y el de 60 Hz de plástico azul, de forma que pueden identificarse de una ojeada. Los errores de instalación se han eliminado completamente.

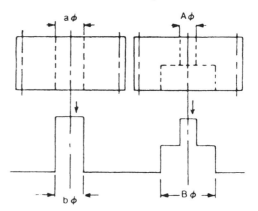

B o no encaja en a o

b o no encaja en A o

● *Ejemplo 85*

Proceso: Montaje de plantillas de test

Prevención error: X

Parada:

Problema: Plantilla de test montada en
                dirección inversa

Detección error:

Control: X

Solución: Pieza interferente en plantilla

Alarma:

Mejora clave: Plantilla modificada para garantizar posicionamiento correcto

---

Descripción del proceso: En el proceso de inspección de un producto se montaba una plantilla para chequear la operación del producto

---

Antes de mejora:

Era posible mantener la plantilla en dirección invertida. Aun los productos normales resultaban anormales en el test si la plantilla se había montado a la inversa. Esto causaba muchas pérdidas de tiempo. Se les pedía a los operadores que fueran cuidadosos, pero accidentalmente seguían montando la plantilla en la dirección equivocada.

Después de mejora:

Se ha remodelado la plantilla incorporando una pieza interferente en la superficie de forma que es imposible montar esta plantilla en la dirección inversa. La pieza interferente tropieza contra la pieza A si el operador intenta montar la plantilla en la dirección inversa. Esta mejora ha eliminado las pérdidas debidas a errores de montaje.

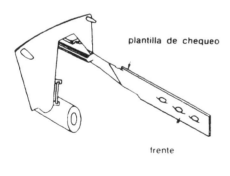

plantilla de chequeo

frente

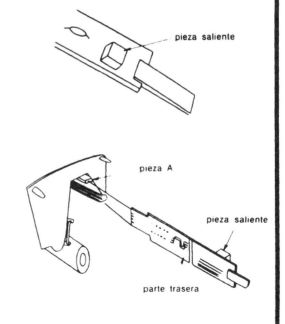

pieza saliente

pieza A

pieza saliente

parte trasera

● *Ejemplo 86*

Proceso: Soldadura

Prevención error: X   **Parada:**

Problema: Montaje de la pieza en dirección inversa

Detección error: **Control:** X

Solución: Bloque interferente en la plantilla

Alarma:

Mejora clave: Plantilla modificada para garantizar posicionamiento correcto

---

Descripción del proceso: Se colocaba una pieza de trabajo sobre una plantilla para que se le soldase una placa.

Antes de mejora:

Era posible montar inadvertidamente la pieza de trabajo sobre la plantilla en la dirección inversa, lo que conducía a defectos cuando la placa se soldaba en sitio equivocado.

correcto

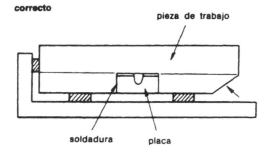

pieza de trabajo

soldadura   placa

incorrecto

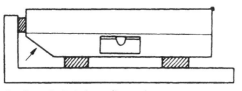

la pieza de trabajo podía montarse con la dirección invertida

Después de mejora:

Se ha instalado un bloque para evitar que la pieza de trabajo se monte en dirección inversa. Esto ha eliminado los defectos.

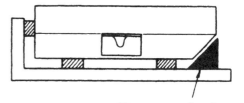

bloque para evitar el montaje en dirección inversa

● *Ejemplo 87*

Proceso: Montaje de un engranaje en un eje   **Prevención error:** X   **Parada:**

Problema: Alineación incorrecta de eje y engranaje   **Detección error:**   **Control:** X

Solución: La plantilla asegura la alineación correcta   **Alarma:**

Mejora clave: Plantilla utilizada para garantizar el posicionamiento correcto

Descripción del proceso: Se montaba un engranaje en un montaje de eje y placa en el interior de la caja de transmisiones de un vehículo de plantación de arroz. Se punzonaban marcas de alineación en el montaje de eje y engranaje y las mismas debían alinearse correctamente.

Antes de mejora:

En algunas ocasiones ocurrían errores en la alineación de las marcas. Era necesario desmantelar las unidades después de que se habían completado las cajas de transmisiones.

Después de mejora:

Se ha construido una plantilla para asegurar que el montaje del eje y engranaje se alinean correctamente. La plantilla se coloca sobre el eje y se posiciona utilizando uno de los agujeros de la placa. El vástago largo de la plantilla (mostrado en el dibujo) guía el engranaje a lo largo del eje en la orientación correcta.

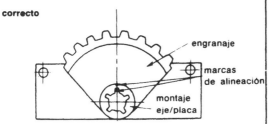

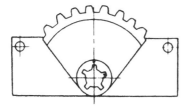

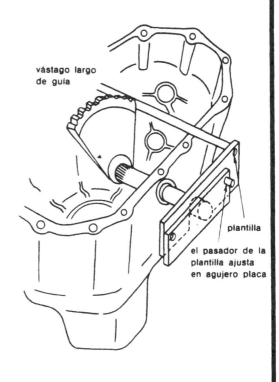

● *Ejemplo 88*

Proceso: Montaje de subconjuntos ejes-bielas

Problema: Errores en montaje bielas derecha e izquierda en eje

Solución: Plantilla mejorada

Mejora clave: Plantilla utilizada para garantizar posicionamiento correcto

Prevención error: X

Detección error:

Parada:

Control: X

Alarma:

Descripción del proceso: Las bielas derecha e izquierda para ejes con cables incorporados se montaban en una máquina controladora.

Antes de mejora:

Aunque los núcleos de montaje para los lados derecho e izquierdo estaban angulados en direcciones diferentes, las bielas tenían una apariencia similar y a veces se colocaban en posición inversa, causando defectos.

conexión eje (derecho)

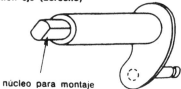

núcleo para montaje

conexión eje (izquierdo)

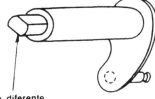

ángulo diferente apropiado para eje izquierdo

Después de mejora:

Las bielas se insertan en plantillas de soporte separadas para ejes a derecha e izquierda de forma que se seleccionan fiablemente antes de llegar a la linea de montaje.

plantilla para sostener ejes conectables a derecha   agujeros plantilla

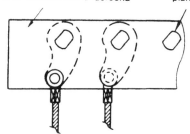

plantilla eje conectables a izquierda

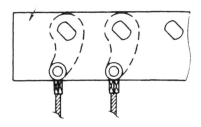

se han grabado marcas para derecha e izquierda en las direcciones de montaje de los cables

● *Ejemplo 89*

Proceso: Montaje de cintas con mecanismo
        dentado

Problema: Cintas montadas en dirección
         inversa

Solución: Plantilla mejorada

Prevención error: X

Detección error:

Parada:

Control: X

Alarma:

Mejora clave: Plantilla modificada para garantizar posicionamiento correcto

Descripción del proceso: Cintas con mecanismo dentado se montaban sobre rodillos. Si una cinta se montaba sobre el rodillo en dirección inversa a la correcta, los dientes de arrastre tenían una dirección inversa a la necesaria.

Antes de mejora:

En el lugar de trabajo se colocaba una placa que marcaba la dirección apropiada para montar la cinta dentada. El operador montaba la cinta de forma que la dirección de los dientes correspondiese a las marcas de la placa. Sin embargo, las cintas, a veces, se montaban al revés.

placa indicando la dirección apropiada para el montaje de la cinta dentada

Después de mejora:

El puesto de trabajo se ha modificado incluyendo placas verticales que hacen imposible montar las cintas en dirección contraria. Se han eliminado los montajes defectuosos.

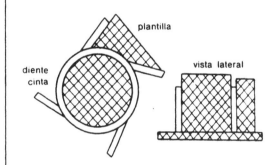

● *Ejemplo 90*

Proceso: Montaje agujas dial   **Prevención error:** X   **Parada:**

Problema: Montaje agujas con caras   **Detección error:**   **Control:** X
invertidas
Solución: Mejora de plantilla   **Alarma:**

Mejora clave: Plantilla modificada para garantizar posicionamiento correcto

Descripción del proceso: Un conjunto de las dos agujas unidas, el botón de enganche y una arandela, se montaban sobre el eje de un dial. Las agujas no se pintaban y era difícil distinguir la cara de fondo de la frontal.

Antes de mejora:

Aunque los trabajadores realizaban un montaje cuidadoso, a veces confundían el dorso con el reverso de las agujas y ocurrían errores de montaje. Los defectos se descubrían después del pintado en el montaje final.

Después de mejora:

Se han colocado dos tacos sobre el útil utilizado para el montaje. Los tacos hacen imposible montar las agujas invirtiendo las caras.

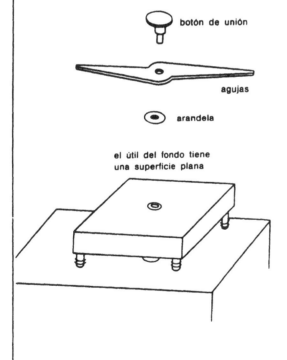

botón de unión

agujas

arandela

el útil del fondo tiene
una superficie plana

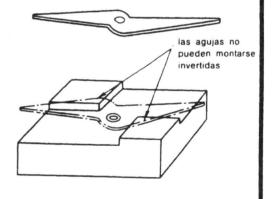

las agujas no
pueden montarse
invertidas

● *Ejemplo 91*

Proceso: Serie de operaciones de mecanizado   **Prevención error:**   **Parada:** X

Problema: Confusión de piezas similares   **Detección error:** X   **Control:**

Solución: Cilindro instalado en la plantilla siguiente para detectar   **Alarma:**
la omisión de proceso
Mejora clave: Plantilla modificada para detectar piezas defectuosas

---

Descripción del proceso: Para conformar una pieza se realizaban una serie de operaciones. Para cada pieza, las operaciones eran punzonar el perfil exterior, dos doblados, cortar una ranura y roscado.

Antes de mejora:

Algunas veces se omitía la formación de la ranura. Esto no podía descubrirse en el proceso de roscado, y la pieza se enviaba al montaje, donde el defecto no se descubría hasta la inspección final.

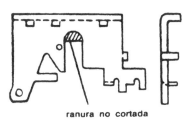

ranura no cortada

Después de mejora:

Se ha añadido un pequeño cilindro a la plantilla de roscado, de forma que la pieza no puede montarse para roscado si no se ha cortado la ranura. Las piezas con ranura no cortada se detectan pronto y pueden rectificarse.

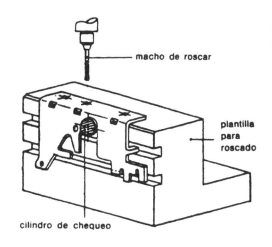

macho de roscar

plantilla para roscado

cilindro de chequeo

● *Ejemplo 92*

Proceso: Línea de montaje

Problema: Confusión entre piezas similares

Solución: Selección automática de piezas

Mejora clave: Automatizada la selección de piezas

Prevención error: X

Detección error:

Parada:

Control: X

Alarma:

Descripción del proceso: Se empleaban distintos resortes en el montaje de diferentes modelos de un mecanismo de conmutación. Los resortes eran todos similares entre sí, y no teniendo marcas identificativas se confundían.

Antes de mejora:

Los resortes se mantenían en el banco de trabajo en una caja con compartimientos abiertos, donde tendían a mezclarse y confundirse. El montaje correcto dependía del cuidado en la selección del componente por parte del operador, y ocurrían defectos.

Tipos de resortes usados

Nombre de pieza / Modelo	Muelle	Resorte de contacto	Resorte de límite
Estándar 4 postes			
UL 100A o inferior			
UL 110A o superior	resortes con sección A larga	resortes con sección B larga	

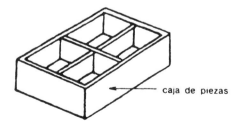

caja de piezas

Después de mejora:

Se ha modificado el almacenaje de los resortes. Se emplea un método de chequeo triple, en el que los chequeos se hacen visiblemente, señales auditivas confirman los chequeos, y un medidor de tiempos se usa para chequeos automáticos. (1) Una luz se usa para indicar qué pieza se está trabajando. (2) Las tapas de las cajas de piezas se han instalado de forma que solamente un tipo de resorte puede emplearse a la vez. (3) Si la tapa de un contenedor que no está en uso no está cerrada después de estar abierta la tapa de otro contenedor, suena una alarma, alertando al operador.

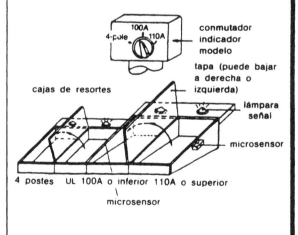

conmutador indicador modelo

tapa (puede bajar a derecha o izquierda)

lámpara señal

microsensor

cajas de resortes

4 postes UL 100A o inferior 110A o superior

microsensor

● *Ejemplo 93*

Proceso: Montaje

Problema: Montaje en dirección inversa

Solución: Modificar plantilla para evitar montaje a la inversa

Mejora clave: Plantilla modificada para garantizar posicionamiento correcto

Prevención error: X

Detección error:

Parada:

Control: X

Alarma:

Descripción del proceso: La unidad principal se coloca en una plantilla de montaje; entonces la cubierta se coloca sobre la parte superior y se monta.

Antes de mejora:

Era posible montar la cubierta en dirección equivocada porque el bloque de posicionamiento quedaba por debajo de las orejetas de la cubierta. Con esto resultaban errores de montaje.

Después de mejora:

Los errores de montaje se han evitado elevando la altura de los bloques de posicionamiento en la plantilla de montaje y añadiendo un bloque para posicionamiento de las orejetas.

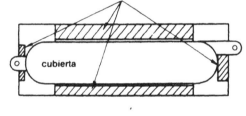
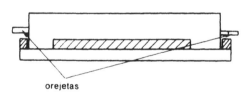
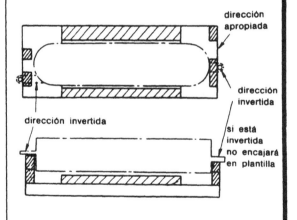

● *Ejemplo 94*

Proceso: Instalación tornillos decorativos

Problema: Era difícil asentar apropiadamente los tornillos decorativos

Solución: Cambio de forma de los tornillos

Mejora clave: Pieza modificada para garantizar posicionamiento correcto

Prevención error: X

Detección error:

Parada:

Control: X

Alarma:

Descripción del proceso: Se montaban tornillos decorativos en las piezas de trabajo.

Antes de mejora:

Era difícil asentar los tornillos apropiadamente. Los tornilos mal asentados podían descubrirse solamente durante el empaquetado, en cuyo momento era necesario aflojar y apretar el tornillo repetidamente para conseguir el asentamiento apropiado. Este proceso resultaba un cuello de botella en la línea de montaje.

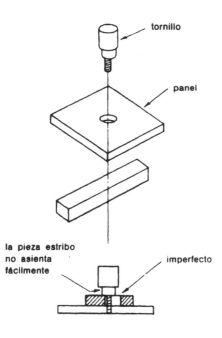

Después de mejora:

Se ha cambiado la forma de los tornillos. A la parte de estribo del tornilo se le ha dado una forma cónica. Esto ha hecho posible apretar el tornillo correctamente en el agujero en una operación.

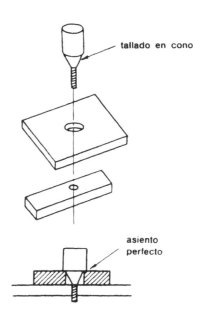

Errores de ensamble

● *Ejemplo 95*

Proceso: Montaje de pequeñas placas en un panel

Problema: Placas montadas invirtiendo la dirección

Solución: Hacer asimétricos los vástagos de montaje

Prevención error: X

Detección error:

Parada:

Control: X

Alarma:

Mejora clave: Pieza modificada para garantizar un posicionamiento correcto

---

Descripción del proceso: Pequeñas placas de señal se montaban sobre un panel.

Antes de mejora:

Aunque los trabajadores eran cuidadosos en el montaje de las placas, ocurrían defectos porque era posible montarlas en dirección horizontal inversa.

Después de mejora:

Se ha movido del centro el vástago de montaje de la placa, haciendo imposible su montaje en dirección horizontal inversa. Los defectos debidos al montaje cambiando la dirección se han eliminado completamente. No se ha incurrido en ningún costo extra en la fabricación de nuevos útiles.

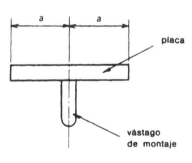

placa

vástago de montaje

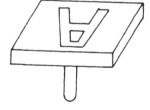

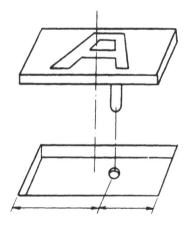

● *Ejemplo 96*

Proceso: Montaje de botones de control
en cassettes

Problema: Botones eyectores montados con
inversión arriba-abajo

Solución: Hacer los vástagos de montaje de diámetros diferentes

Prevención error: X

Detección error:

Parada:

Control: X

Alarma:

Mejora clave: Pieza modificada para garantizar posicionamiento correcto

Descripción del proceso: Los botones eyectores de cassettes de cintas se montan en palancas de comando.

Antes de mejora:

Como los botones eyectores podían montarse invirtiendo la dirección, a veces se montaban efectivamente invirtiendo la misma.

Después de mejora:

Se han hecho desiguales los diámetros de los vástagos de montaje. El montaje cambiando la dirección abajo-arriba es ahora imposible y se ha eliminado completamente.

(1) y (2) tienen diámetros diferentes, de forma que el montaje invirtiendo la posición vertical es imposible

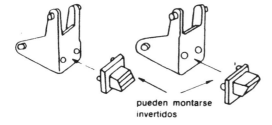

pueden montarse
invertidos

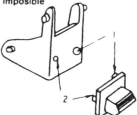

● *Ejemplo 97*

Proceso: Montaje de conmutadores de selección de banda en radios de automóviles

Problema: Conmutadores montados a la inversa

Solución: Hacer la pieza asimétrica

Mejora clave: Pieza modificada para garantizar posicionamiento correcto

Detección error: X

Detección error:

Parada:

Control: X

Alarma:

Descripción del proceso: Se montaban conmutadores selectores de banda en mecanismos de sintonización de radios de automóviles.

Antes de mejora:

El tablero de circuitos conmutadores de banda era simétrico y podía montarse invirtiendo la dirección.

simétrico a derecha e izquierda

Después de mejora:

Se ha definido una ranura en el tablero de circuitos, como se muestra en el dibujo. La ranura se corresponde con un saliente en el bastidor del mecanismo y evita los errores de colocación. Se han eliminado completamente los montajes defectuosos de conmutadores de selección.

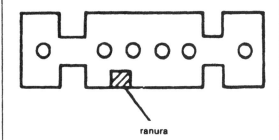

ranura

● *Ejemplo 98*

Proceso: Montaje de botones pulsadores en palancas de control de cassettes	**Prevención error:** X	**Parada:**
Problema: Inversión de posición en el montaje de botones	**Detección error:**	**Control:** X
Solución: Hacer asimétrica la pieza		**Alarma:**

Mejora clave: Pieza modificada para garantizar posicionamiento correcto

Descripción del proceso: Se montaban botones pulsadores en palancas de control de cassettes.

Antes de mejora:

Como consecuencia de que las formas de parte superior e inferior del botón era similares, era difícil distinguir esas partes, de forma que los botones se montaban a menudo en posición invertida.

Después de mejora:

Se han rediseñado el botón y la palanca de control utilizando una entalla y una junta en espiga. Es imposible montar el botón pulsador en posición invertida, por lo que los defectos han dejado de ocurrir.

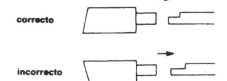

correcto

incorrecto

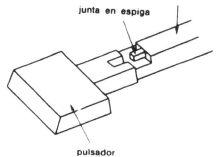

palanca control

junta en espiga

pulsador

● *Ejemplo 99*

Proceso: Montaje de resortes de pilas   **Prevención error:** X   **Parada:**

Problema: Resortes montados a profundidad   **Detección error:**   **Control:** X
incorrecta   **Alarma:**

Solución: Mejora de herramienta de montaje para medir profundidad

Mejora clave: Herramienta modificada para verificar pieza

Descripción del proceso: Se montaban resortes para pilas en productos electrónicos portátiles.

Antes de mejora:

Se empleaba un atornillador ordinario para empujar los resortes en los agujeros, y el posicionamiento apropiado dependía de la habilidad de los trabajadores. Sin embargo, se producían defectos porque los resortes podían empujarse por debajo de sus posiciones apropiadas.

atornillador ordinario

Después de mejora:

Se ha cortado la punta del atornillador como se muestra en el dibujo, de forma que actúa como un tope o calibre de la profundidad. Cualquiera que realice la operación puede ahora empujar los resortes hasta la posición apropiada sin problemas. Los defectos se han eliminado completamente.

calibre de
profundidad

atornillador "mejorado"

● *Ejemplo 100*

Proceso: de circuitos de sintonización en TV   **Prevención error:**   **Parada:**

Problema: Omisión de atornillado de agujeros   **Detección error:** X   **Control:** X
         en montaje sintonizador TV
Solución: Modificada plantilla de inspección para verificar el atornillado   **Alarma:**
         de agujeros
Mejora clave: Plantilla modificada para detectar piezas defectuosas

Descripción del proceso: En un punto del proceso de montaje de sintonizadores de TV se incorporan pequeñas escuadras de montaje al chasis para la posterior unión al resto del montaje de TV. Algunas veces las escuadras no se han procesado correctamente y se han omitido los necesarios orificios para atornillado.

Antes de mejora:

La detección de los orificios omitidos dependía de la vigilancia de los operarios en procesos posteriores a lo largo de la línea. Sin embargo, a menudo los defectos continuaban hasta el montaje final y los sintonizadores no podían montarse en los equipos.

Después de mejora:

Se han montado vástagos para detectar la presencia de orificios de atornillado en la plantilla de inspección de los montajes de los sintonizadores. El sintonizador no puede colocarse en posición para la inspección de calidad, a menos que los orificios de atornillado estén en la posición apropiada. Los sintonizadores defectuosos se detectan ahora antes de enviarse para el montaje final.

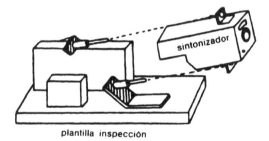

plantilla inspección

● *Ejemplo 101*

Proceso: Montaje de cajas de altavoces

Problema: Montaje de cajas de altavoces en
posición inversa

Solución: Hacer asimétrica la pieza

Mejora clave: Pieza modificada para garantizar posicionamiento correcto

Prevención error:

Detección error:

Parada:

Control: X

Alarma:

Descripción del proceso: Se montaban placas frontales a cajas de altavoces

Antes de mejora:

Era difícil determinar la orientación correcta de las cajas de altavoces porque los orificios de montaje eran simétricos en la parte superior e inferior. El montaje correcto dependía exclusivamente de la vigilancia de los trabajadores, con el resultado de que a veces la placa del frente se montaba en posición invertida.

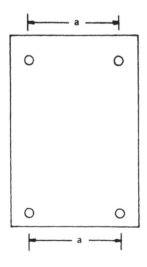

Después de mejora:

Se han hecho asimétricas las posiciones de los orificios de montaje de la parte superior, de forma que el montaje incorrecto es imposible. Se ha eliminado completamente el montaje en posición inversa.

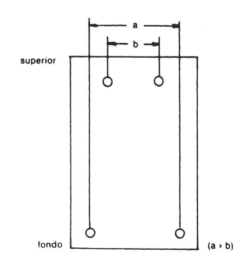

● *Ejemplo 102*

Proceso: Montaje de botones de mando en palancas de conmutación

Problema: Botones montados con inversión de posición

Solución: Cambiar las piezas de forma que sólo puedan montarse de un modo

Mejora clave: Piezas modificadas para garantizar posicionamiento correcto

Prevención error: X

Detección error:

Parada:

Control: X

Alarma:

Descripción del proceso: Se montaban botones pulsadores en palancas de conmutación de equipo electrónico de audio.

Antes de mejora:

Los botones podían montarse invirtiendo la posición de las caras.

Después de mejora:

Se emplean piezas con muescas y salientes, de forma que incluso trabajadores sin experiencia hacen la operación correctamente. Los montajes con inversión de los lados se han eliminado completamente.

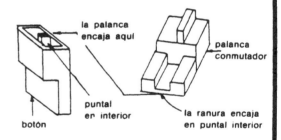

la palanca encaja aquí

palanca conmutador

puntal en interior

botón

la ranura encaja en puntal interior

● *Ejemplo 103*

Proceso: Montaje de placas LED   **Prevención error:** X   **Parada:**

Problema: Placas montadas invirtiendo las caras **Detección error:**   **Control:** X

Solución: Hacer asimétricas las piezas   **Alarma:**

Mejora clave: Pieza modificada para garantizar posicionamiento correcto

Descripción del proceso: Las placas LED para la presentación de output se montaban en un bastidor metálico de un mecanismo electrónico.

Antes de mejora:

El perfil exterior de la placa de metal era simétrico, y las placas se montaban a veces en los bastidores invirtiendo los lados.

Después de mejora:

Se han hecho ranuras en una esquina de la placa metálica y en la esquina correspondiente del bastidor un saliente que al ajustar entre sí garantizan que la placa se monta siempre correctamente. Se han eliminado completamente los montajes invertidos.

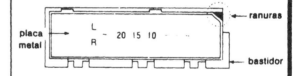

● *Ejemplo 104*

Proceso: Taladrado   **Prevención error:** X   **Parada:**

Problema: 1. Placas taladradas en posición   **Detección error:**   **Control:** X
inversa   2. Virutas en la plantilla causan desplazamientos en agujeros
Solución: Mejorar plantilla

Mejora clave: Plantilla modificada para garantizar posicionamiento correcto

---

> **Descripción del proceso:** Una perforadora de múltiples árboles se utilizaba para perforar orificios en tapas.
> Las tapas eran aproximadamente simétricas en sus caras superior e inferior, haciendo difícil para el opera-
> dor determinar por inspección visual el lado en el que operar.

Antes de mejora:

1. Las tapas podían colocarse en la plantilla sobre el lado inferior o superior de las mismas.

2. Las virutas del taladrado anterior tropezaban contra las tapas e interferían a los localizadores de la plantilla, con el resultado de desplazar los orificios.

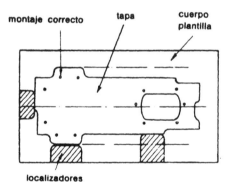

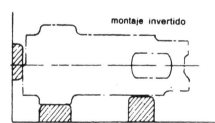

Después de mejora:

La plantilla se ha rediseñado con dos objetivos:
1. Emplear las pequeñas diferencias entre las caras superior e inferior de las placas.
2. Reducir el área de contacto de los localizadores de la plantilla, de forma que las virutas no se adhieran e interfieran en el posicionamiento de las piezas.

Las posiciones de los localizadores se han cambiado de forma que las tapas no puedan montarse invertidas. Si se hiciera así, las tapas tropezarían con los localizadores.

El perfil de los localizadores se ha cambiado de forma que el área de contacto es mínima, haciendo difícil que se adhieran viruras.

Estos cambios permiten el montaje con una atención mínima, eliminándose completamente los defectos de proceso debidos a errores de montaje.

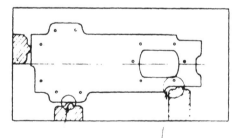

localizadores   los localizadores reposicionados interfieren la pieza de trabajo si se montan a la inversa

● *Ejemplo 105*

Proceso: Soldadura por puntos en guías de montaje de carcasas

Problema: Guías de montaje colocadas en sentido inverso

Solución: Pintado del lado correcto para la guía antes del montaje

Prevención error:

Detección error: X

Parada:

Control: X

Alarma:

Mejora clave: Pieza modificada para mostrar proceso correcto

Descripción del proceso: Las piezas superior e inferior de una carcasa se montaban posteriormente por los clientes, para lo cual tenían guías de montaje montadas mediante soldadura por puntos.

Antes de mejora:

Como consecuencia de la forma similar de las piezas superior e inferior, era fácil soldar las guías cambiando la dirección superior-inferior. Sin embargo, si se hacía esto, las carcasas no podrían montarse posteriormente. Algunos productos defectuosos se habían enviado a clientes, recibiéndose quejas.

Después de mejora:

Las guías de montaje se pintan en rojo antes de la soldadura, en el lado que permanece en la parte interna de la carcasa. Si el color rojo permanece en la superficie exterior de la guía, el error se detecta fácilmente.

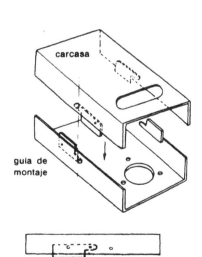

carcasa

guía de montaje

no pueden montarse

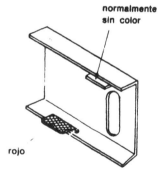

normalmente sin color

rojo

● *Ejemplo 106*

Proceso: Montaje de topes de tapas   **Prevención error:**   **Parada:**

Problema: Montaje en dirección inversa de   **Detección error:** X   **Control:**
los topes de tapas
Solución: Conmutador de límite para detectar orientación errónea   **Alarma:** X

Mejora clave: Incorporado procedimiento para detección error

Descripción del proceso: Topes de tapas para cajas se montaban en un proceso de ensamble.

Antes de mejora:

Algunas veces los topes de tapas eran erróneamente montados en dirección inversa, con la pieza rectangular en el extremo erróneo u omitida. El error no podía detectarse por la apariencia externa hasta después del montaje.

Después de mejora:

Se ha preparado un sistema en el que un cilindro neumático empuja una tapa trasera cada vez en una mesa rotativa para chequeo. Un motor gira la mesa automáticamente y para cuando la pieza rectangular tropieza con el conmutador de límite. Si se omite la pieza rectangular, la mesa giratoria continúa dando vueltas, y suena una alarma después de cinco segundos. Si la pieza está al revés, dispara un conmutador de alarma conforme sale fuera de la tolva. Esta preparación ha eliminado completamente los montajes defectuosos de tapas.

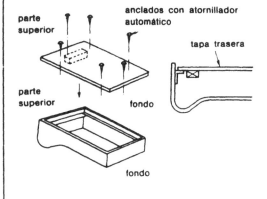

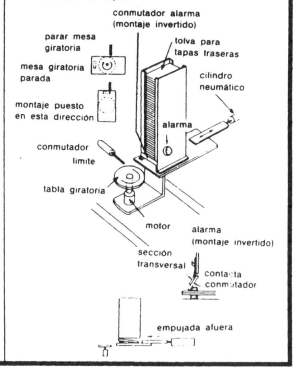

● *Ejemplo 107*

Proceso: Ajuste en prensa de ejes en placas   **Prevención error:** X   **Parada:** X

Problema: Inversiones de los extremos de los ejes   **Detección error:**   **Control:**

Solución: Uso de conmutador de límite para detectar la inversión de la pieza   **Alarma:** X

Mejora clave: Se evita operación si la pieza no está en posición correcta

Descripción del proceso: Se ajustaban en prensa ejes en placas de montaje. Los ejes tenían los extremos aparentemente simétricos.

Antes de mejora:

Era imposible montar el eje con los extremos invertidos para el trabajo de la prensa. Un error de este tipo originaba la producción de una pieza defectuosa.

Después de mejora:

Un sensor (conmutador de límite por proximidad) se ha montado en la prensa. Este conmutador se activa cuando el eje se ha montado correctamente; si el conmutador de límite no se activa, la prensa no opera y destella una lámpara.

incorrecto

correcto

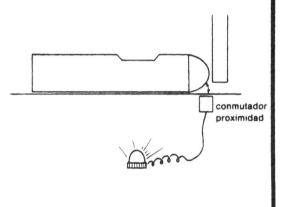

conmutador proximidad

● *Ejemplo 108*

Proceso: Montaje de placas de base   **Prevención error:** X   **Parada:**

Problema: Placas montadas cambiando la   **Detección error:**   **Control:** X
posición   **Alarma:**
Solución: Plantilla de montaje

Mejora clave: Utilización de plantilla para garantizar posicionamiento correcto

---

Descripción del proceso: Se unían placas de base a largueros de montaje para prepararlas para un montaje posterior.

Antes de mejora:

Como era posible montar las placas de base cambiando la dirección, la corrección del montaje dependía de la vigilancia de los trabajadores. Sin embargo, los trabajadores, inadvertidamente, cometían a veces errores y montaban las piezas con la parte frontal detrás. Estos defectos no se descubrían hasta un posterior montaje.

correcto

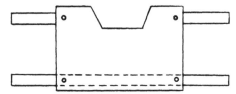

incorrecto

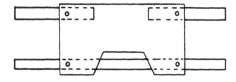

Después de mejora:

Se ha desarrollado una plantilla para uso en el montaje de placas. La placa se fija entre una guía y un bloque sobre la plantila, haciendo imposible el montaje de la placa en dirección errónea.

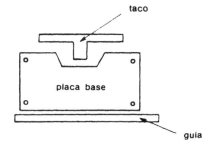

● *Ejemplo 109*

Proceso: Ajuste con prensa de piezas en un eje

Problema: Colocación inapropiada del eje en la plantilla

Solución: Inserción forzada de la pieza en la plantilla mediante succión, y detección de errores de montaje adicionales

Mejora clave: Plantilla modificada para garantizar posicionamiento correcto, operación ligada a valor de cantidad física crítica

Prevención error: X

Detección error: X

Parada:

Control: X

Alarma: X

Descripción del proceso: Primeramente un eje se colocaba sobre la plantilla, después una palanca y una placa de base se colocaba en posición y se montaban en el eje mediante ajuste con prensa.

Antes de mejora:

El ahuecado hecho sobre la plantilla, una depresión para ajustar el eje en la misma, era demasiado ligero (0,3 mm.). Por tanto, era fácil colocar el eje en la plantilla ligeramente ladeado, como se muestra en el dibujo, y cuando se ajustaban la palanca y la placa de base, el resultado era una pieza defectuosa. Los trabajadores no siempre advertían el defecto, y se enviaban al proceso siguiente piezas con movimiento defectuoso de la palanca.

placa base — palanca

(después del ajuste en prensa, esta palanca gira alrededor del eje)

pieza unitaria — eje

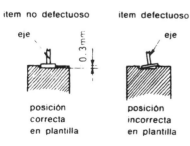

item no defectuoso

item defectuoso

eje — 0,3 mm — eje

posición correcta en plantilla

posición incorrecta en plantilla

Nota: la cara receptora de la plantilla tiene una ligera depresión (0,3 mm.)

Después de mejora:

Se ha taladrado un pequeño orificio en el centro de la plantilla y se emplea una bomba de vacío para aplicar succión sobre el eje (a través del orificio), atrayéndolo y asentándolo sobre la plantilla. Cuando la palanca y la placa de base se colocan en posición, el eje no se mueve. Sin embargo, como aún en este caso el eje podría estar colocado en ángulo y no asentado correctamente, se ha hecho una mejora adicional. Se ha instalado un indicador de vacío en la tubería de succión, y si registra que no hay succión, indica que el eje no está montado correctamente, y se envía una señal OFF a la prensa, parando la máquina automáticamente. Esto alerta al operador para que coloque el eje apropiadamente.

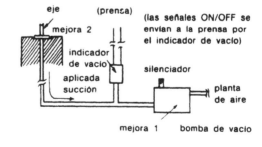

eje   (prensa)   (las señales ON/OFF se envían a la prensa por el indicador de vacío)

mejora 2

indicador de vacío

aplicada succión

silenciador

planta de aire

mejora 1   bomba de vacío

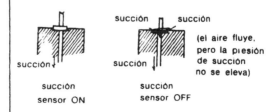

succión   succión   succión

succión   succión

(el aire fluye, pero la presión de succión no se eleva)

succión sensor ON

succión sensor OFF

● *Ejemplo 110*

Proceso: Taladrado de orificios con alta precisión   **Prevención error:** X   **Parada:**

Problema: Virutas sobre la plantilla causaban orificios desalineados   **Detección error:**   **Control:** X

Solución: Microconmutador para detectar colocación apropiada de la pieza   **Alarma:**

Mejora clave: Se impide la operación si la pieza no está bien colocada

Descripción del proceso: Una máquina de taladrar especial se emplea para taladrar orificios de referencia en el que se ensamblan piezas pequeñas procesadas con una precisión elevada. Cuando se ensamblan estas piezas, los orificios sirven como referencias de posición. Es importante que estos orificios para vástagos de posicionamiento se realicen con máxima precisión. Como las piezas tienen fileteados roscados en sus diámetros interiores, los orificios para vástagos se posicionan atornillando las piezas en una plantilla de referencia, como se muestra en el dibujo. Materias extrañas, como virutas o granos, se adhieren a veces a la superficie de contacto, y el resultado puede ser un posicionamiento incorrecto.

Antes de mejora:

No era posible detectar al taladrar pequeñas variantes de posición, de forma que si cualquier materia extraña interfería con la pieza en la plantilla, tenían que rechazarse lotes enteros cuando las piezas llegaban al montaje.

Después de mejora:

Se ha abierto una ranura en la parte de la superficie de contacto de la plantilla, y se ha montado ahí un microconmutador para detectar si la pieza de trabajo y la plantilla ajustan estrechamente. El conmutador está conectado a una lámpara roja, que luce cuando el conmutador está abierto, y una lámpara azul, que luce cuando el conmutador está cerrado, y la máquina tiene abierto el suministro de energía. El conmutador está ajustado de forma que no se cierra si hay virutas sobre la plantilla, con lo que el taladrado no puede empezar, a menos que la plantilla esté limpia. Los errores de montaje se han eliminado completamente.

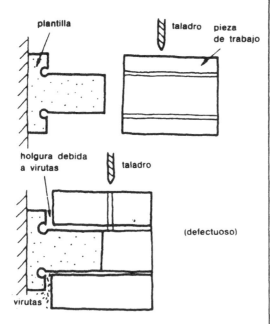

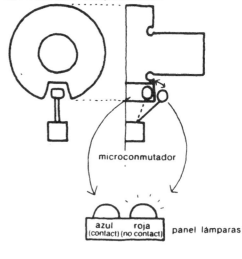

● *Ejemplo 111*

Proceso: Montaje de placas de circuitos   **Prevención error:** X   **Parada:**

Problema: Piezas montadas en posición errónea   **Detección error:**   **Control:** X

Solución: Calibre construido en plantilla de montaje   **Alarma:**

Mejora clave: Plantilla modificada para garantizar posicionamiento correcto

Descripción del proceso: Varias piezas electrónicas se insertan y sueldan en placas de circuitos. El diseño del cierre de la placa exige que las piezas no sobrepasen 10 mm. o menos desde el borde de la placa.

Antes de mejora:	Después de mejora:
Después de montar las piezas, los trabajadores utilizaban un calibre para verificar que las piezas estaban dentro de los 10 mm. del borde de la placa. Sin embargo, estos chequeos se omitían a veces, permitiendo que las placas de circuitos defectuosas continuasen circulando por la línea hasta el proceso siguiente.	El calibre se ha unido a la plantilla de montaje, de forma que es imposible que la pieza llegue o pase de los 10 mm. después de su montaje. El proceso se realiza ahora siempre correctamente, aunque el chequeo de los trabajadores no sea concienzudo.

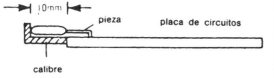

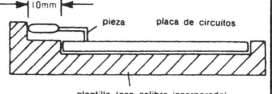

● *Ejemplo 112*

Proceso: Montaje de guías de arneses de cables para automóviles

Problema: Guías de cables con la posición invertida

Solución: Mejora la plantilla de montaje

Prevención error: X

Detección error:

Parada:

Control: X

Alarma:

Mejora clave: Plantilla modificada para garantizar posicionamiento correcto

---

Descripción del proceso: Se montaban soportes para arneses de cables en suelos de automóviles

---

Antes de mejora:

La plantilla permitía que las guías de los cables se montasen en posición errónea.

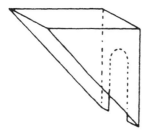

posición correcta

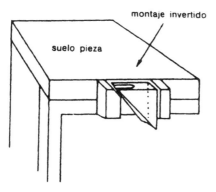

suelo pieza

montaje invertido

Después de mejora:

La plantilla se ha mejorado, de forma que un vástago debe pasar por el mismo agujero de la guía por el que debe pasar el arnés de cables. La guía puede montarse solamente con la orientación correcta, eliminando por tanto los defectos de montaje.

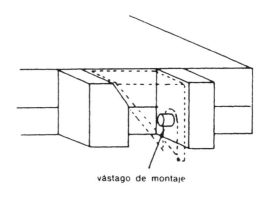

vástago de montaje

● *Ejemplo 113*

Proceso: Taladrado

Problema: Orificios taladrados en posiciones erróneas

Solución: Mejora de plantilla

Prevención error: X

Detección error:

Parada:

Control: X

Alarma:

Mejora clave: Plantilla modificada para garantizar posicionamiento correcto

Descripción del proceso: Las placas se taladraban con una perforadora de múltiples ejes.

Antes de mejora:

La plantilla empleada para montar las piezas de trabajo permitían que éstas se taladrasen con los lados cambiados (derecha-izquierda, frontal-trasero). Surgían frecuentemente defectos con orificios taladrados en placas montadas incorrectamente. Estos defectos usualmente no se encontraban hasta el proceso de montaje, y los clientes se quejaban de retrasos en las entregas.

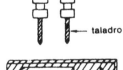

taladro

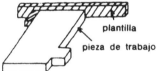

plantilla

pieza de trabajo

taladrado correcto

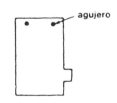

agujero

piezas defectuosas

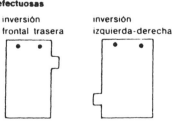

inversión frontal trasera

inversión izquierda-derecha

Después de mejora:

La plantila se ha mejorado para eliminar los defectos de taladrado. Las guías adicionales instaladas en la plantilla evitan que las placas se monten incorrectamente.

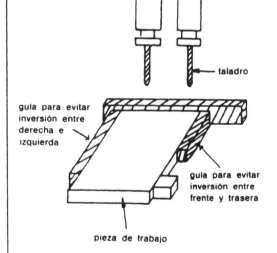

taladro

guía para evitar inversión entre derecha e izquierda

guía para evitar inversión entre frente y trasera

pieza de trabajo

● *Ejemplo 114*

Proceso: Soldadura de placas   **Prevención de error:** X   **Parada:**

Problema: Placas soldadas con las caras   **Detección error:**   **Control:** X
invertidas

Solución: Mejorar plantilla para evitar montaje con caras invertidas   **Alarma:**

Mejora clave: Plantilla modificada para garantizar posicionamiento correcto

---

Descripción del proceso: Las placas se montaban en una plantilla para ser soldadas. Las placas tenían salientes en la cara que se suponía tenía que estar ariba.

Antes de mejora:

    La plantilla no evitaba que las placas se montasen con las caras invertidas, de forma que se requería que los trabajadores verificasen que los salientes estuviesen arriba antes de soldar. Sin embargo, a veces los trabajadores soldaban en la superficie errónea, aunque pensasen que estaban teniendo cuidado.

posición correcta

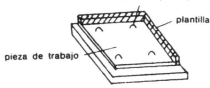

salientes (arriba)
plantilla
pieza de trabajo

posición incorrecta

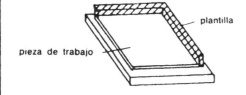

plantilla
pieza de trabajo

Después de mejora:

    Se ha remodelado la plantila de forma que es imposible que el trabajador monte la placa en posición invertida. La nueva plantilla tiene una guía adicional con ranuras para los salientes de la cara superior. Si las placa se monta invirtiendo las caras, la nueva guía evita esta colocación errónea. Se ha eliminado completamente la soldadura en la superficie equivocada de las placas.

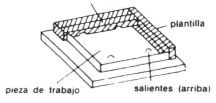

guía que evita montaje
invertido de placa
plantilla
pieza de trabajo
salientes (arriba)

correcto

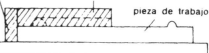

ajuste plantilla
la plantilla permite el
posicionamiento normal
pieza de trabajo

no puede ponerse en posición

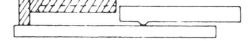

● *Ejemplo 115*

Proceso: Montaje de cepillos en accesorio   **Prevención error:** X   **Parada:** X
de limpieza al vacío
Problema: Omisión de cepillos   **Detección error:** X   **Control:** X

Solución: Detectar la omisión de cepillos durante el montaje automático y   **Alarma:**
durante la entrega al proceso siguiente
Mejora clave: Util modificado para garantizar proceso correcto; canaleta modificada para retirar piezas defectuosas.

Descripción del proceso: Se montaban dos cepillos con una máquina automática en un accesorio de cabezal de equipo de limpieza al vacío.

Antes de mejora:

A veces los cepillos no se montaban, por errores de la maquinaria. Estaba especialmente asignado un inspector para verificar cada cabezal de limpieza para determinar si se habían montado los dos cepillos.

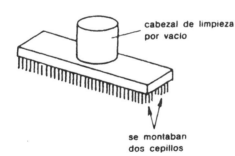

cabezal de limpieza por vacío

se montaban dos cepillos

Después de mejora:

Se han hecho dos mejoras para asegurar que se han montado los cepillos:

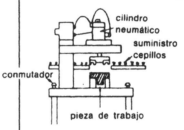

cilindro neumático
suministro cepillos
conmutador
pieza de trabajo

1. Se han añadido algunos sensores a la máquina de ensamble para detectar la falta de cepillos. La máquina no opera si no hay cepillos montados, y suena automáticamente una alarma.

2. Se ha provisto una canaleta de descarga para poner los accesorios acabados en cajas para entrega. Se ha montado un bloque en la canaleta que no permite pasar las piezas defectuosas. Si se ha omitido un cepillo, el bloque impide que pase la unidad.

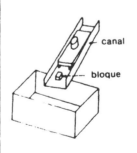

canal
bloque

pieza no defectuosa   **pieza defectuosa**

bloque

● *Ejemplo 116*

Proceso: Montaje de ralles de cajones en mueble

Problema: Ralles de cajones montados en posiciones inapropiadas

Solución: Mejora de plantilla

Prevención error: X

Detección error:

Parada:

Control: X

Alarma:

Mejora clave: Plantilla modificada para garantizar posicionamiento correcto

Descripción del proceso: Se montaban ralles de cajones en laterales de muebles utilizando una misma plantilla para los lados derecho e izquierdo.

Antes de mejora:

Los errores de montaje no eran casi noticia. En algunos casos, los errores estaban causados por los deslizamientos de la plantilla de montaje. En otros casos, el operador olvidaba invertir la posición de la plantilla cuando cambiaba del lado derecho al izquierdo. Los desalineamientos en los ralles de cajones resultaban en una operación defectuosa o impedían montar los cajones.

Después de mejora:

La plantilla de montaje de los ralles de cajones se ha colocado en un banco de trabajo, de forma que no puede deslizarse. El método de montaje también asegura que la plantilla está correctamente posicionada para montaje en la derecha o en la izquierda del mueble. Se han eliminado los errores en el montaje de ralles.

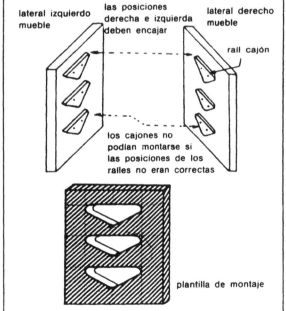

correcto, defectuoso

lateral izquierdo mueble

las posiciones derecha e izquierda deben encajar

lateral derecho mueble

rall cajón

los cajones no podían montarse si las posiciones de los ralles no eran correctas

plantilla de montaje

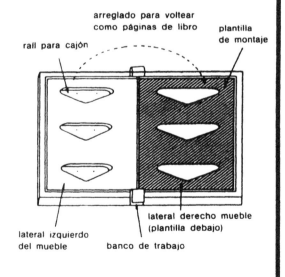

arreglado para voltear como páginas de libro

plantilla de montaje

rall para cajón

lateral izquierdo del mueble

banco de trabajo

lateral derecho mueble (plantilla debajo)

● *Ejemplo 117*

Proceso: Montaje de tapas

Problema: Intercambio de las tapas derecha e izquierda

Solución: Plantilla mejorada

Prevención error: X

Detección error:

Parada:

Control: X

Alarma:

Mejora clave: Plantilla modificada para garantizar posicionamiento correcto

---

Descripción del proceso: Las tapas derecha e izquierda se montaban al mismo tiempo en la misma plantilla. Las tapas eran exactamente simétricas, con la excepción de un orificio longitudinal en la tapa izquierda.

Antes de mejora:

Era posible colocar las tapas derecha e izquierda con las posiciones intercambiadas en la plantilla y, a veces, se montaban incorrectamente por inadvertencia.

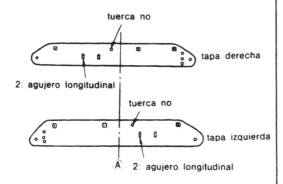

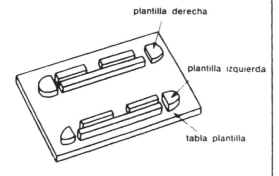

Después de mejora:

Se han instalado en la plantilla vástagos en los lugares adecuados que impiden intercambiar las posiciones de las tapas. Se han eliminado por completo los montajes incorrectos.

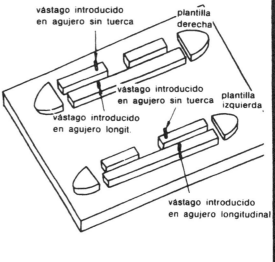

● *Ejemplo 118*

Proceso: Soldadura de placas a árboles   **Prevención de error:** X   **Parada:**

Problema: Arboles montados con los   **Detección error:**   **Control:** X
          extremos cambiados
Solución: Mejora de plantilla   **Alarma:**

Mejora clave: Plantilla modificada para garantizar posicionamiento correcto

Descripción del proceso: Los árboles se colocaban en una plantilla y se soldaban a una placa. La única diferencia de forma entre los dos extremos de los árboles era que el extremo que no tenía que soldarse tenía cortada una ranura en forma de anillo en C.

Antes de mejora:

La plantilla permitía que los árboles se montasen en las dos direcciones y, por tanto, con el extremo con ranura en la zona a soldar. Los trabajadores hacían inspecciones visuales en los árboles al montarlas, pero a veces soldaban por el extremo incorrecto. La soldadura defectuosa solamente se descubría en la fase de montaje.

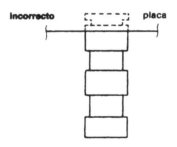

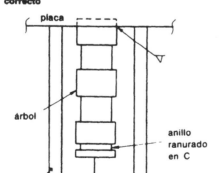

Después de mejora:

Se ha diseñado en la plantilla una guía que encaja en el anillo ranurado. Esta guía hace imposible montar el árbol con orientación equivocada.

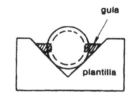

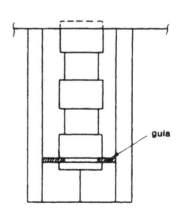

● *Ejemplo 119*

Proceso: Soldadura angular de hierro   **Prevención error:** X   **Parada:**

Problema: Soldadura realizada en superficie equivocada   **Detección error:**   **Control:** X

Solución: Mejora de plantilla   **Alarma:**

Mejora clave: Plantilla modificada para garantizar posicionamiento correcto

---

Descripción del proceso: Se colocaba un angular de hierro en una plantilla y se soldaba. Un lado del angular tenía una depresión conformada, haciéndolo "más ancho" que el otro lado cuando se le miraba desde el borde. Era importante que el lado con la depresión estuviese en lo alto de la plantilla, que tenía una ranura para encajar el canal.

Antes de mejora:

Se empleaba una hoja de resorte para anclar el angular de hierro en la plantilla para soldadura. Sin embargo, el resorte permitía que el lado con la depresión acanalada se colocase en la plantilla por el lado lateral de ésta, en vez de contra la cara superior, resultando soldaduras defectuosas.

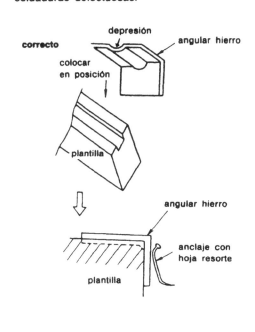

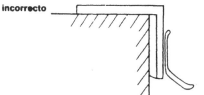

Después de mejora:

Se ha mejorado la plantilla con una guía fija para sostener el angular de hierro. Si se intenta asentar el angular en forma incorrecta, el lado con la depresión tropieza con la guía y la pieza no puede asentarse, de forma que es imposible soldar la superficie incorrecta.

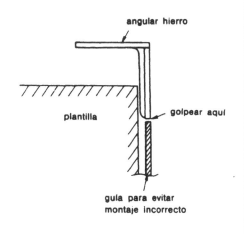

● *Ejemplo 120*

Proceso: Montaje de palancas de control   **Prevención error:** X   **Parada:**

Problema: Montaje de palancas invirtiendo   **Detección error:**   **Control:** X
                la dirección
Solución: Mejora de plantilla de montaje   **Alarma:**

Mejora clave: Plantilla modificada para garantizar posicionamiento correcto

Descripción del proceso: Se montaban palancas de control en un mecanismo

Antes de mejora:

   Aunque la dirección correcta para el montaje de las palancas de control estaba marcada con un puntero de fieltro sobre la plantilla de montaje, las palancas se montaban a veces en dirección incorrecta.

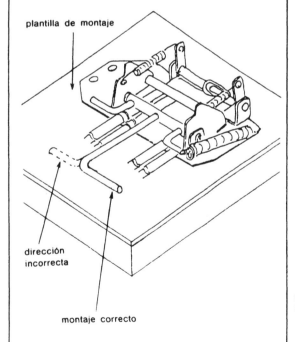

plantilla de montaje

dirección
incorrecta

montaje correcto

Después de mejora:

   Se ha instalado un bloque en la plantila de montaje para evitar que las palancas se monten en dirección incorrecta. Ahora es imposible montar las palancas incorrectamente.

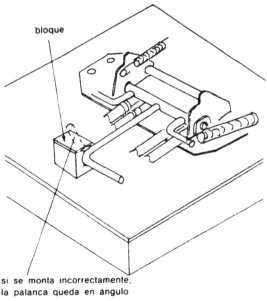

bloque

si se monta incorrectamente.
la palanca queda en ángulo

● *Ejemplo 121*

Proceso: Mecanizado   **Prevención error:** X   **Parada:**

Problema: Pieza montada en dirección inversa   **Detección error:**   **Control:** X

Solución: Instalar vástago de interferencia en la plantilla   **Alarma:**

Mejora clave: Plantilla modificada para garantizar posicionamiento correcto

---

Descripción del proceso: Una cierta pieza se montaba en una fresadora automática, empleándose una fresa circular para mecanizar la pieza.

Antes de mejora:

Era posible montar la pieza en la plantilla con los lados derecho e izquierdo invertidos. La posición de montaje se chequeaba visualmente por el trabajador, pero, con todo, a veces las piezas se montaban incorrectamente. Cuando las piezas se montaban con los lados cambiados, la cuchilla mecanizaba la pieza en lugar equivocado, produciendo defectos.

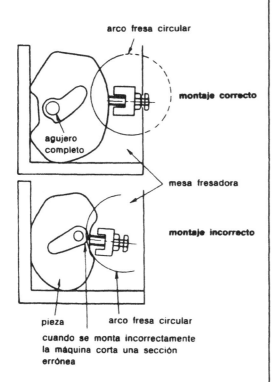

Después de mejora:

Se ha instalado un perno en la mesa de montaje, en una posición que corresponde con la del orificio terminal de la pieza. Es imposible montar la pieza con los lados cambiados porque el perno impide que la pieza se asiente cuando se coloca incorrectamente.

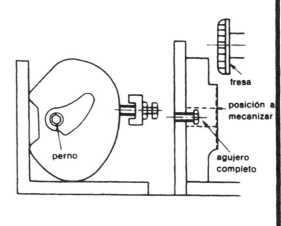

● *Ejemplo 122*

Proceso: Línea de montaje

Problema: Uso de piezas incorrectas

Solución: Caja automática para piezas

Mejora clave: Selección automática de piezas

Prevención error: X

Detección error:

Parada:

Control: X

Alarma:

Descripción del proceso: Se manufacturaban diferentes modelos en la misma línea de montaje, y varias piezas similares se empleaban en diferentes modelos.

Antes de mejora:

Las piezas pertenecientes a diferentes modelos se codificaban por colores y el trabajador seleccionaba y montaba piezas de acuerdo con los colores. Sin embargo, aún ocurrían errores con cierta facilidad.

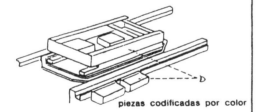

modelo determinado visualmente

piezas codificadas por color

Después de mejora:

Se ha diseñado una solución completamente a prueba de errores por el lado del proceso, más bien que por el lado de las piezas.

1. Conmutadores fotoeléctricos detectan qué modelo se está montando. Se enciende una luz que indica la pieza apropiada. El operador mira la luz y selecciona la pieza a montar.

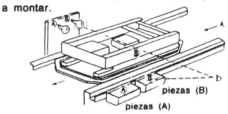

piezas (B)

piezas (A)

2. Las tapas de las cajas de piezas se abren y cierran automáticamente, permitiendo al operador seleccionar solamente las piezas correctas para el modelo dado.

Estas mejoras hacen innecesario cualquier juicio del operador, que puede ahora concentrarse en las operaciones y en reducir los defectos de montaje.

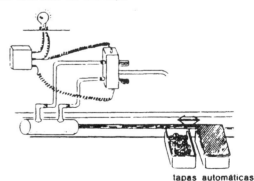

tapas automáticas

● *Ejemplo 123*

Proceso: Montar raíles de guía en equipos
radio automóviles

Problema: Omisión o montaje incorrecto de
los raíles de guía

Solución: Plantilla

Prevención error:

Detección error: X

Parada:

Control: X

Alarma:

Mejora clave: Plantilla modificada para detectar piezas defectuosas

Descripción del proceso: Se montaban raíles de guía en equipos de radio de automóviles para el montaje de éstos en paneles de mandos.

Antes de mejora:

Se hacían chequeos visuales para verificar el montaje de los raíles. Sin embargo, a menudo se descubría más tarde la omisión de los raíles o el montaje incorrecto.

Después de mejora:

Ahora se emplea una plantilla con cunas para los raíles de guía para ajustar las operaciones en los equipos de radio. Si se omiten los raíles de guía o no se montan correctamente, el equipo no estará estable en la plantilla y se descubre el montaje defectuoso. Esta salvaguardia ha eliminado completamente la omisión o montaje incorrecto de los raíles.

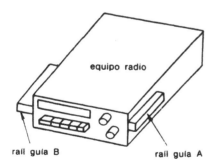

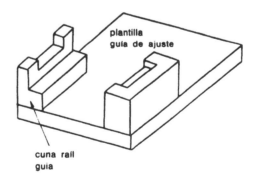

● *Ejemplo 124*

Proceso: Fresado

Prevención de error: X   **Parada**: X

Problema: Las piezas de trabajo se deslizaban si faltaba presión por debajo   **Detección error**:   **Control**:

Solución: Detectar cuándo las piezas de trabajo no tienen presión suficiente   **Alarma**:

Mejora clave: Util modificado para proteger de daños al operario

Descripción del proceso: Las piezas a fresar se colocaban bajo un vástago y se anclaban insertando una arandela perfilada en U y apretando una tuerca. Después las piezas se procesaban por una fresadora automática.

Antes de mejora:

Era posible operar la fresa automática incluso aunque no se hubiese insertado la arandela para el anclaje. Para un rápido cambio de útiles, la tuerca era más pequeña que el núcleo de la pieza de trabajo, y esto generaba una peligrosa situación porque la pieza de trabajo podía deslizarse fuera del vástago durante el proceso.

Después de mejora:

Si la pieza de trabajo no se ancla con arandela, la tuerca y el vástago caen por debajo de la posición normal para operación. Un conmutador de límite, interconectado con el motor de la máquina, se ha instalado debajo del vástago para detectar esta condición. La fresadora automática no puede ponerse en operación si no está instalada la arandela conformada en U.

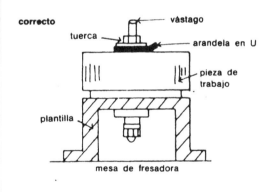

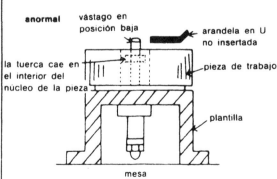

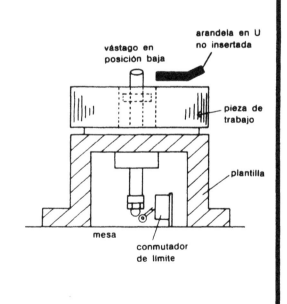

● *Ejemplo 125*

Proceso: Unión de placa de información con tapa temporizador

Prevención error: X

Parada:

Problema: Placas no montadas o no encajadas con la suficiente fuerza

Detección error:

Control: X

Solución: Cambiar el proceso de unión con adhesivo, a moldeo de la placa dentro de la tapa del temporizador

Alarma:

Mejora clave: Procedimiento modificado para garantizar procesamiento correcto

---

Descripción del proceso: Una placa de información se unía a la tapa del montaje de un temporizador.

Antes de mejora:

La placa de información se unía a la tapa de un temporizador con un adhesivo. Sin embargo, había variaciones en la dureza de la adhesión, y a veces las placas no se montaban.

Después de mejora:

El proceso de adhesión en sí mismo tenía tantas deficiencias que era más eficiente usar un proceso diferente para montar la placa de información, montando la placa integralmente desde el principio. Ahora la placa de información se inserta en un útil y se moldea dentro de la tapa del temporizador. Estas placas integrales no pueden escamotearse y el montaje no se omite nunca.

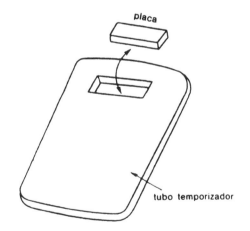

placa

tubo temporizador

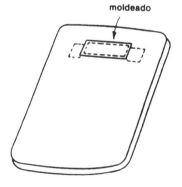

moldeado

● *Ejemplo 126*

Proceso: Montaje automático de tornillos

Problema: Los tornillos omitidos no se descubrían hasta el montaje final

Solución: Detectar la omisión de tornillos

Mejora clave: Modificación de útil para detectar piezas defectuosas

Prevención error:

Detección error:

Parada:

Control:

Alarma: X

Descripción del proceso: Se fijaban soportes con tornillos mediante una máquina de atornillado automático.

Antes de mejora

Ocasionalmente, los tornillos se atascaban en la máquina o el operador olvidaba reponer el suministro de tornillos. Como resultado, pasaban piezas sin atornillar a lo largo de la línea. Los tornillos omitidos se descubrían usualmente en el proceso de montaje final. Sin embargo, en algunos casos se habían entregado productos defectuosos a los clientes, lo que era un serio problema.

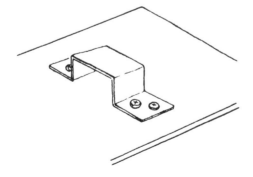

Después de mejora:

Se ha instalado un mecanismo de detección directa después del proceso de montaje de tornillos. Una parte del detector es sensible a la presencia del soporte y la otra detecta la presencia de tornillos. Si el detector no detecta dos tornillos cinco segundos después de detectar un soporte, suena una alarma que alerta al operador.

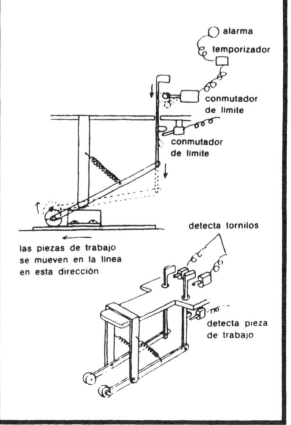

las piezas de trabajo se mueven en la línea en esta dirección

● *Ejemplo 127*

Proceso: Soldar por puntos arandelas a piezas de trabajo
Problema: Omisión de arandelas no descubierta hasta instalación final
Solución: Detectar omisión en proceso siguiente

Prevención error:
Detección error: X

Parada:
Control:
Alarma: X

Mejora clave: Plantilla modificada para detectar pieza defectuosa

Descripción del proceso: Se soldaban arandelas a placas para el posterior montaje de tornillos en el interior de un canal de hierro. Era casi imposible inspeccionar las arandelas desde el exterior.

Antes de mejora:

Cuando se omitía la operación de soldadura, era muy difícil descubrir la omisión por inspección. Sin embargo, la omisión hacía imposible instalar el producto y conducía a daños extensos.

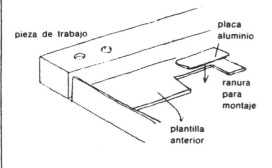

Después de mejora:

Se ha remodelado una plantilla utilizada en el proceso siguiente (empastado en placa de aluminio) para detectar la presencia de la arandela. La plantilla remodelada utiliza la diferencia de tamaño entre el orificio externo y el orificio que deja la arandela para el tornillo. Un **vástago** que puede pasar por el orificio de atornillado de la placa, pero no por el que deja la arandela, se ha instalado en la plantilla. Si el vástago recorre todo el camino hasta el fondo, el operador sabe que se ha omitido la arandela.

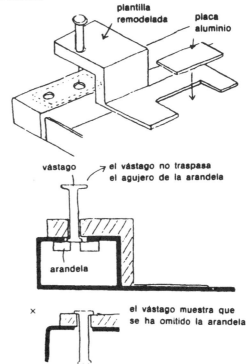

Inclusión de items erróneos

● *Ejemplo 128*

Proceso: Magnetización de volantes   **Prevención error:**   **Parada:**

Problema: Proceso omitido   **Detección error:** X   **Control:**

Solución: Detección de magnetización utilizando conmutador de proximidad   **Alarma:** X

Mejora clave: Incorporado procedimiento para detección error

Descripción del proceso: Los volantes se magnetizaban individualmente pasando a través de una máquina de magnetización.

Antes de mejora:

El trabajador colocaba un volante en la máquina de magnetización, lo magnetizaba y lo colocaba después en una mesa para almacenamiento temporal. Después de haber procesado 20 piezas, los volantes se chequeaban con un atornillador para asegurar que cada uno estaba magnetizado. Algunas veces el trabajador omitía el proceso de magnetización y no detectaba los volantes no magnetizados con el test del atornillador.

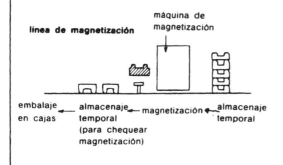

línea de magnetización — máquina de magnetización

embalaje en cajas ← almacenaje temporal (para chequear magnetización) ← magnetización ← almacenaje temporal

chequeo de magnetización con destornillador

chequeo de uno de los 4 polos

Después de mejora:

El almacenamiento temporal y el test con el atornillador se han reemplazado por una cinta transportadora y un conmutador de proximidad para detectar la magnetización. Los items pasan uno a uno bajo el detector y luce una luz giratoria si un volante no magnetizado se detecta, alertando al operador.

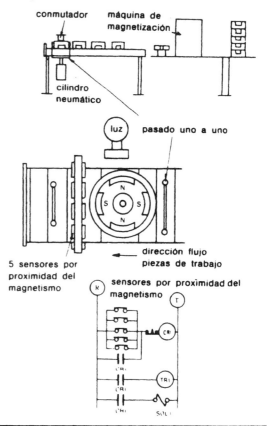

conmutador — máquina de magnetización

cilindro neumático

luz — pasado uno a uno

dirección flujo piezas de trabajo

5 sensores por proximidad del magnetismo

sensores por proximidad del magnetismo

● *Ejemplo 129*

Proceso: Producción de una variedad de productos en bajos volúmenes

Prevención error: X

Parada:

Problema: Mezcla de piezas de diferentes productos

Detección error:

Control: X

Solución: Etapa de ordenación entre productos

Alarma:

Mejora clave: Incorporado procedimiento para detección error

Descripción del proceso: En un proceso se trataban en bajos volúmenes una variedad de productos (acero dulce, aleaciones de acero, etc) cuando el sistema estaba primordialmente diseñado para un alto volumen de un solo producto.

Antes de mejora:	Después de mejora:
Se creaban serios problemas cuando las piezas de un producto se mezclaban con las de otro después de un cambio de útiles.	Se ha añadido un paso de orden al procedimiento estándar cuando se cambian los útiles para producir otro producto. El trabajador verifica las máquinas para comprobar si hay piezas sin procesar, y lo mismo realiza con la jaula de lavado y las cajas de transporte. Este paso añade quince minutos a un tiempo de proceso de seis horas, pero los problemas se han eliminado completamente.

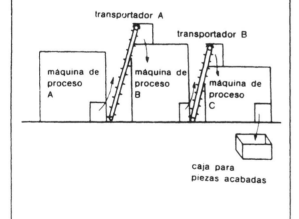

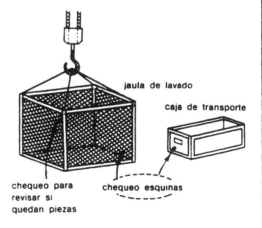

● *Ejemplo 130*

Proceso: Línea de montaje

Problema: Confusión entre piezas similares

Solución: Sistema mecánico para seleccionar piezas

Mejora clave: Canaleta modificada para retirar piezas defectuosas

Prevención error: X

Detección error:

Parada:

Control: X

Alarma:

Descripción del proceso: Se empleaban numerosas piezas distintas, pero similares, en una cierta estación de una línea de montaje.

Antes de mejora:

Elementos tales como los mostrados causaban grandes dificultades porque (1) las piezas eran muy parecidas y (2) los dos extremos de las piezas individuales eran muy similares.

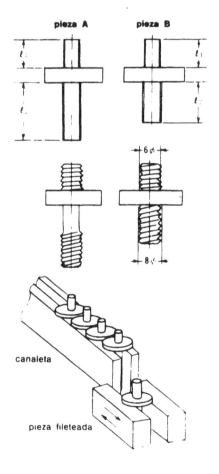

Después de mejora:

Se han diseñado diferentes sistemas mecánicos para asegurar que las piezas incorrectas se detectan antes de que causen problemas. En el ejemplo mostrado, la placa perfilada con un saliente elevado detecta las piezas colocadas en el canal empujando hacia arriba las piezas correctas. Sistemas adicionales (no mostrados) retiran las piezas defectuosas.

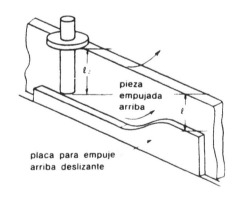

● *Ejemplo 131*

Proceso: Varios   **Prevención error:** X   **Parada:**

Problema: Materiales sobrantes no identificables   **Detección error:**   **Control:** X

Solución: Mejora en codificación color   **Alarma:**

Mejora clave: Procedimiento modificado para garantizar procesamiento correcto

---

Descripción del proceso: Varios procesos empleaban diferentes tipos de bobinas de metal y cables

---

Antes de mejora:	**Después de mejora:**
Diferentes tipos de bobinas de metal y cables (acero aleado, acero dulce, etc) se identificaban con marcas de colores pintadas antes de su uso. Sin embargo, muchos materiales sobrantes no eran identificables después del proceso porque las marcas de color se habían cortado y los nuevos extremos no se habían repintado. Como resultado, se utilizaban a veces materiales erróneos.	En vez de tener que repintar colores de identificación después de utilizar el material, el material se pinta directamente en diversos puntos al recibirse e inspeccionarse. Los colores de identificación se colocan en ambos extremos de las barras o bandas, y en los dos extremos y dos lugares más alrededor de la circunferencia de los rollos de cable. Esto ha eliminado los sobrantes no identificados y asegura que los productos no se fabriquen con materiales erróneos.

barra redonda

barra exagonal o cuadrada

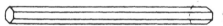

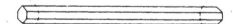

cable

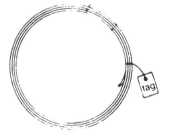

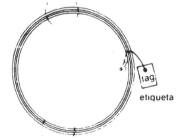

etiqueta

● *Ejemplo 132*

Proceso: Alimentador automático de piezas en línea de montaje	**Prevención error:**	**Parada:**
Problema: Piezas no procesadas se entregaban al montaje final	**Detección error:** X	**Control:** X
Solución: Sistema mecánico para detectar piezas no procesadas		**Alarma:**

Mejora clave: Canal modificado para seleccionar piezas defectuosas

---

Descripción del proceso: Un alimentador automático de piezas suministraba palancas de mando a un proceso de montaje automático.

Antes de mejora:

Por un canal se suministraban palancas de mando a un proceso de montaje automático. Sin embargo, algunas de las palancas no estaban completamente procesadas, y el área debajo de la cabeza no se había ranurado. Estas palancas inacabadas se montaban junto con las buenas. Para detectar el 0,03 por ciento de unidades por día montadas con palancas inacabadas, los trabajadores tenían que inspeccionar y seleccionar manualmente el output de producción completo.

palanca de mando

canaleta

no procesada debajo de la cabeza

Después de mejora:

El canal alimentador se ha modificado de forma que solamente pueden llegar al montaje piezas procesadas apropiadamente. Como las palancas no procesadas completamente no encajan por el canal de entrega, un sensor y un mecanismo eyector neumático detectan y retiran las palancas defectuosas de la línea de suministro. Esto ha eliminado completamente los defectos de montaje.

solamente las palancas bien procesadas encajan por su ranura

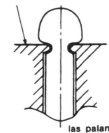

las palancas defectuosas se empujan a canal de eyección con un cilindro neumático

sensores por encima canal principal

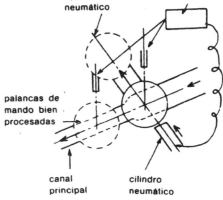

palancas de mando bien procesadas

canal principal

cilindro neumático

● *Ejemplo 133*

Proceso: Montaje de lentes de cámaras

Problema: Lentes incorrectas montadas en producto final

Solución: Mejor medición antes del montaje

Mejora clave: Util modificado para detectar piezas defectuosas

Prevención error:

Detección error: X

Parada:

Control:

Alarma: X

Descripción del proceso: Se emplean en este proceso muchas lentes diferentes, todas similares en diámetro, espesor y curvatura. Las diferencias son imposibles de detectar a ojo.

Antes de mejora:	**Después de mejora:**
Se suponía que las lentes suministradas a la línea de montaje en cualquier momento dado eran correctas. Sin embargo, ocasionalmente se suministraban lentes con dimensiones erróneas, y el error no podía detectarse hasta la inspección final. Los montajes defectuosos tenían que desmontarse completamente y repararse, con grandes gastos.	Se ha montado un pequeño micrómetro eléctrico en el útil de montaje. Detecta diferencias en el espesor y curvatura de las lentes. Si una lente está fuera de ciertos límites, suena una alarma.

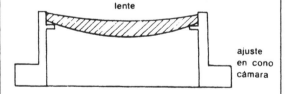

lente

ajuste
en cono
cámara

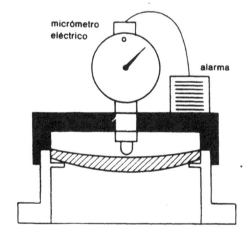

micrómetro eléctrico

alarma

● *Ejemplo 134*

Proceso: Montaje de placa en cámaras

Problema: Confusión entre piezas similares en montaje

Solución: Detector fotoeléctrico para diferenciar piezas

Mejora clave: Plantilla modificada para detectar piezas defectuosas

Prevención error: X

Detección error:

Parada: X

Control:

Alarma:

Descripción del proceso: Placas de uso general se remachaban a un tipo de lámina de resorte, y las placas con una función para fechar cortada se remachaban a otro tipo de lámina de resorte. Se empleaba una mesa giratoria que permitía remachar seis piezas al mismo tiempo.

Antes de mejora:

Algunas veces se incluían piezas equivocadas como consecuencia del uso de sobrantes de trabajos anteriores o mezclas durante el montaje de útiles. Si el trabajador fallaba en observar el problema, las piezas incorrectas se remachaban y los montajes defectuosos se enviaban al proceso siguiente.

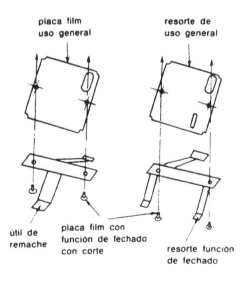

placa film
uso general

resorte de
uso general

útil de
remache

placa film con
función de fechado
con corte

resorte función
de fechado

Después de mejora:

Se han montado en la plantilla de montaje una fuente de luz y un sensor fotoeléctrico. El sensor detecta la presencia o ausencia de la función de fechaje cortada en la placa. Si las placas de uso general se están montando en láminas de resorte del mismo uso, y el sensor detecta una placa con función de fecha, la mesa se para, suena una alarma, y no puede proceder el remachado. Similarmente, el sensor detectará una placa sin función de fecha cortada si se están montando placas con función de fecha. El proceso se para antes de que se produzcan defectos. Se han eliminado completamente los montajes con errores de placas.

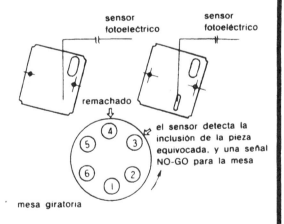

sensor
fotoeléctrico

sensor
fotoeléctrico

remachado

el sensor detecta la
inclusión de la pieza
equivocada, y una señal
NO-GO para la mesa

mesa giratoria

● *Ejemplo 135*

Proceso: Alimentación de piezas en proceso de montaje

Prevención error: X

Parada:

Problema: Confusión entre piezas similares

Detección error:

Control: X

Solución: Selección mecánica

Alarma: X

Mejora clave: Canal modificado para retirar piezas defectuosas

---

Descripción del proceso: Los ejes se colocaban en un canal y se alimentaban a un proceso de montaje.

Antes de mejora:

Accidentalmente, los trabajadores utilizaban ejes largos hechos para otro proceso, lo que causaba paros y retrasos en el proceso de montaje.

Después de mejora:

Se ha instalado en el canal un calibrador ajustable que asegura que solamente el tamaño apropiado de eje pasa el canal para montaje. Si un eje es demasiado largo, el calibrador bloquea el canal y la pieza equivocada puede retirarse.

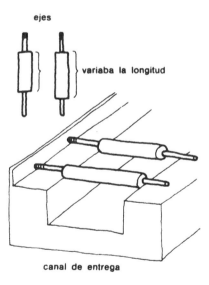

ejes

variaba la longitud

canal de entrega

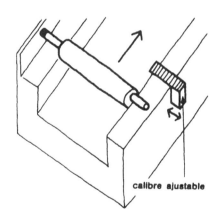

calibre ajustable

● *Ejemplo 136*

Proceso: Output de un proceso de soldadura por puntos

Problema: Piezas con tuercas soldadas en lado equivocado

Solución: Detector mecánico

Prevención error:

Detección error: X

Parada:

Control: X

Alarma:

Mejora clave: Canal modificado para seleccionar piezas defectuosas

---

Descripción del proceso: El output de un proceso de soldadura por puntos en el que se sueldan tuercas a pequeñas placas circula por una canaleta hasta una caja de entregas. Algunas de las piezas están procesadas incorrectamente y tienen tuercas soldadas en el lado incorrecto de la placa.

Antes de mejora:

No se detectaban las piezas defectuosas y se entregaban junto con las buenas al proceso siguiente.

Después de mejora:

Se ha instalado en la canaleta una pequeña barra de interferencia para detectar piezas defectuosas. Si una pieza tiene la tuerca soldada en el lado incorrecto de la placa, se atasca en la canaleta, y puede retirarse evitando su entrega al proceso siguiente.

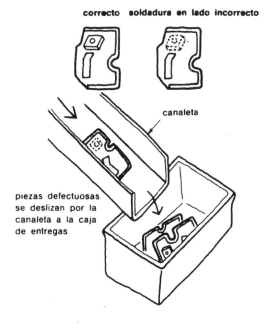

correcto   soldadura en lado incorrecto

canaleta

piezas defectuosas se deslizan por la canaleta a la caja de entregas

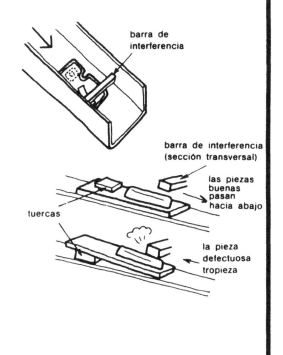

barra de interferencia

barra de interferencia (sección transversal)

las piezas buenas pasan hacia abajo

tuercas

la pieza defectuosa tropieza

● *Ejemplo 137*

Proceso: Ajuste en prensa **Prevención error:** X **Parada:**

Problema: Confusión entre piezas similares **Detección error:** **Control:** X

Solución: Modificar una pieza, plantillas modificadas **Alarma:** X

Mejora clave: Pieza y plantilla modificadas para garantizar posicionamiento correcto

---

Descripción del proceso: Algunos vástagos se ajustaban con prensa en dos placas (A y B) que eran similares. La única diferencia entre A y B era el diámetro de un orificio, que era 3,0 mm. en A y 2,7 mm. en B.

Antes de mejora:

La plantilla utilizada en el ajuste en prensa de los vástagos no diferenciaba entre las placas A y B. Como resultado, las dos placas se confundían a menudo durante el montaje, causando defectos.

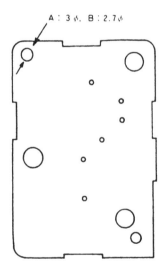

Después de mejora:

Se ha taladrado un orificio adicional en la placa B y se han desarrollado nuevas plantillas.
La pieza A no encaja en la plantilla para B por causa de la guía para el orificio extra de B. A la inversa, un vástago guía de 3,00 mm. en la plantilla para la pieza A impide que la placa B ajuste en la plantilla para A.

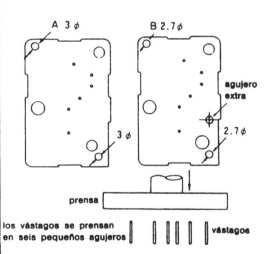

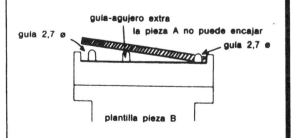

● *Ejemplo 138*

Proceso: Desbarbado de piezas moldeadas   **Prevención error**:   **Parada**:

Problema: Piezas similares fabricadas en el   **Detección error**: X   **Control**:
mismo paso no se separan correctamente
Solución: Uso de detector fotoeléctrico para separar   **Alarma**: X

Mejora clave: Util modificado para detectar piezas defectuosas

Descripción del proceso: Dos piezas similares se moldéaban con un sólo útil, y se retiraban y separaban manualmente durante el desbarbado.

Antes de mejora:

Como consecuencia de errores inadvertidos al cogerlas, las dos piezas a veces se mezclaban juntas. Los clientes se quejaban cuando recibían piezas mezcladas.

piezas moldeadas juntas

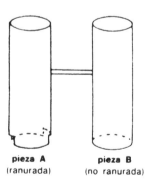

pieza A
(ranurada)
pieza B
(no ranurada)

Después de mejora:

Se ha instalado un detector fotoeléctrico en la plantilla utilizada en el proceso de desbarbado. Las piezas se giran, y si se detecta alguna luz, es una pieza A. Si no se detecta ninguna luz, es una pieza B. El operador selecciona las piezas correctamente con este mecanismo.

pieza A

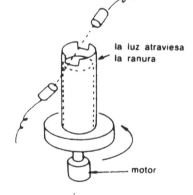

la luz atraviesa la ranura

motor

pieza B

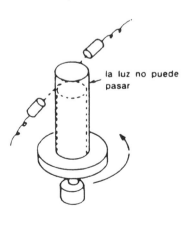

la luz no puede pasar

● *Ejemplo 139*

Proceso: Test de circuitos integrados (ICs) **Prevención error:** **Parada:**

Problema: ICs defectuosos colocados en cajas "buenas" después de test **Detección error:** X **Control:** X

Solución: Selección electromecánica basada en resultados del test **Alarma:**

Mejora clave: Canaleta modificada para retirar piezas defectuosas

Descripción del proceso: Un aparato de medida de IC se empleaba para medir los valores característicos de los ICs contra los valores de referencia. Los que se ajustaban a los valores de referencia se colocaban en la caja "buena", mientras los que se desviaban de los valores de referencia se colocaban en la caja de defectos.

Antes de mejora:

Como consecuencia de errores de los operadores, algunos ICs defectuosos se colocaban en la caja de ICs buenos. Cuando estos ICs se usaban por los clientes, la compañía recibía quejas.

Después de mejora:

Se ha desarrollado un mecanismo de selección, como se muestra en el dibujo. La compuerta para las cajas "buena" y "defectuosa" se mueve según el IC haya resultado bueno o defectuoso en el test. El operador meramente coloca el IC en la canaleta después del test y la canaleta por sí misma decide en qué caja hay que colocar el IC. Se han eliminado las mezclas entre artículos buenos y defectuosos.

inspección

piezas buenas

piezas defectuosas

caja "buena"

caja "defectuosa"

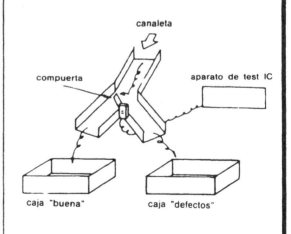

canaleta

compuerta

aparato de test IC

caja "buena"

caja "defectos"

● *Ejemplo 140*

Proceso: Línea de montaje

Problema: Piezas erróneas en la línea

Solución: Conmutador de límite detector

Mejora clave: Util modificado para detectar piezas defectuosas

Prevención error:

Detección error: X

Parada:

Control:

Alarma: X

Descripción del proceso: En una línea de montaje con muchos cambios de modelo, los trabajadores mantenían a veces piezas a lo largo de la línea que no pertenecían al modelo en que se trabajaba. Ocasionalmente se empleaban piezas erróneas. La única diferencia entre las piezas era un pequeño cilindro elevado que tenía una de ellas y no la otra.

Antes de mejora:

Los operadores hacían chequeos visuales para determinar si el pequeño cilindro elevado estaba presente, pero a veces el chequeo se omitía o equivocaba, y las piezas se movían a lo largo de la línea hasta el montaje final, donde causaban problemas.

pieza correcta

cilindro saliente

pieza defectuosa

no tiene cilindro saliente

Después de mejora:

Se han provisto en el transportador de cinta de la línea una placa de guía y un conmutador de límite, de forma que las piezas erróneas pueden detectarse automáticamente. Esto reduce el número de items a chequear visualmente y acelera las operaciones

pieza correcta

el conmutador está en ON

placa de guía

pieza errónea

el conmutador no está en ON

↓

la cinta se para

Errores de inserción

● *Ejemplo 141*

Proceso: Montaje de cajas blindadas

Problema: Las cajas montadas cambiando los laterales causaban cortocircuitos

Solución: Hacer asimétricas las cajas blindadas

Prevención error: X

Detección error:

Parada:

Control: X

Alarma:

Mejora clave: Pieza modificada para garantizar posicionamiento correcto

Descripción del proceso: Una caja blindada metálica se montaba en una placa de circuitos impresos. La caja tenía cortada una abertura en un lado intentando evitar un hilo de la placa de circuitos.

Antes de mejora:

La caja tenía dos orejas de montaje del mismo tamaño, de forma que podía montarse intercambiando los laterales. El montaje correcto dependía de la vigilancia de los trabajadores. Cuando una caja se montaba con los laterales intercambiados, hacía contacto con el hilo embutido en el circuito, causando un circuito defectuoso.

Después de mejora:

Las orejas de montaje de la caja y las correspondientes ranuras de la placa de circuitos se han hecho de diferentes tamaños, de forma que la caja solamente puede montarse en el modo apropiado. Se han eliminado los montajes defectuosos.

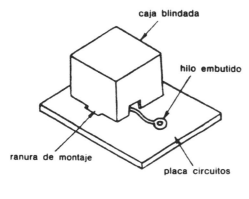

caja blindada

hilo embutido

ranura de montaje

placa circuitos

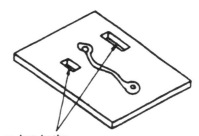

se han hecho
asimétricas las ranuras

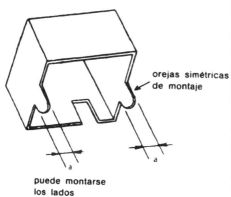

orejas simétricas
de montaje

a   a

puede montarse
los lados

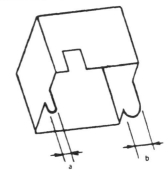

a   b

● *Ejemplo 142*

Proceso: Montaje de LEDs en indicadores de palanca de cassettes

Problema: LEDs montados con polaridad equivocada

Solución: Mejora del contenedor del LED

Prevención error: X

Detección error:

Parada:

Control: X

Alarma:

Mejora clave: Pieza modificada para garantizar posicionamiento correcto

Descripción del proceso: Se soldaban LEDs (diodos emisores de luz) en placas de circuitos para producir cassettes VU o indicadores de palanca.

Antes de mejora:

Era posible insertar los LEDs en los contenedores en dirección contraria, resultando defectos de polaridad.

Después de mejora:

Se ha hecho una mejora extremadamente efectiva basada en las diferencias de perfiles del LED y los contenedores. Se ha cambiado el contenedor, de forma que si el operador intenta insertar el LED en dirección contraria, una parte del contenedor interfiere con una parte de la cubierta del LED, y éste no puede insertarse. Se han eliminado completamente los errores de montaje (polaridad).

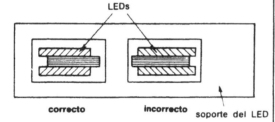

LEDs

correcto   incorrecto   soporte del LED

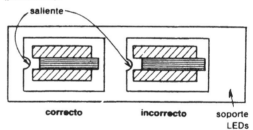

saliente

correcto   incorrecto   soporte LEDs

puede insertarse en ambas direcciones

correcto   incorrecto

● *Ejemplo 143*

Proceso: Montaje de placa de circuitos   **Prevención error:** X   **Parada:**

Problema: Clavijas insertadas en orificios extra   **Detección error:**   **Control:** X

Solución: Eliminar orificios extra   **Alarma:**

Mejora clave: Pieza modificada para garantizar posicionamiento correcto

---

Descripción del proceso: Las clavijas se aplicaban en orificios en una placa de circuitos.

Antes de mejora:

   Había orificios extra al lado de los orificios a asegurar correctos en la placa de circuitos. Las clavijas se insertaban en los mismos por error.

Después de mejora:

   Los orificios extra se han eliminado. Se ha eliminado completamente la inserción impropia de clavijas.

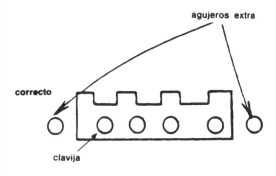

correcto

clavija

incorrecto

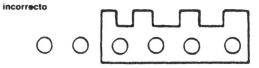

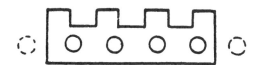

● *Ejemplo 144*

Proceso: Montaje de ICs   **Prevención error:** X   **Parada:**

Problema: ICs montados en los lados invertidos   **Detección error:**   **Control:** X

Solución: Hacer asimétricos los ICs   **Alarma:**

mejora clave: Pieza modificada para garantizar posicionamiento correcto

---

Descripción del proceso: Se insertaban ICs en placas de circuitos.

Antes de mejora:

Los ICs podían insertarse con los lados invertidos porque tenían el mismo número de espigas en ambos lados.

Después de mejora:

Se ha hecho una pequeña modificación en los ICs, colocando una espiga adicional en un lado y añadiendo el correspondiente orificio en la placa. Ahora, es imposible insertar el IC invirtiendo los lados, y no ocurren los defectos causados por la inserción errónea.

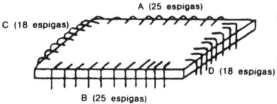

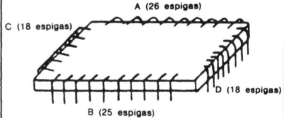

● *Ejemplo 145*

Proceso: Montaje de condensadores en placas de circuitos

Prevención error: X

Parada:

Problema: Defectos de polaridad

Detección error:

Control: X

Solución: Cambiar esquemas de diseño de placas de circuitos

Alarma:

Mejora clave: Procedimiento modificado para garantizar procesamiento correcto

---

Descripción del proceso: Se insertaban condensadores en placas de circuitos.

Antes de mejora:

Los diseñadores de las placas de circuitos tenían libertad para diseñar las placas respecto a la polaridad de los condensadores. El resultado era que la dirección de polaridad era completamente aleatoria. Los trabajadores tenían que ejercer una extrema vigilancia para asegurar que los condensadores se insertaban correctamente, pero conforme se incrementaba el número de piezas en las placas de circuitos, la incidencia de las inserciones incorrectas crecía también.

Después de mejora:

Las directrices para el diseño de las placas de circuitos se han cambiado exigiendo que las polaridades de todos los condensadores se alineen sobre un eje de la placa:
1. Las polaridades tienen que estar todas alineadas bien sobre el eje X o el Y (bien).
2. Las polaridades tienen que estar todas alineadas en una dirección (alternativa mejor).
Aunque esto restringe de algún modo el diseño de circuitos, se han evitado las inserciones defectuosas, eliminándose los defectos.

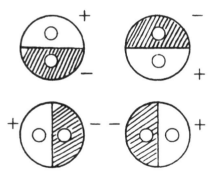

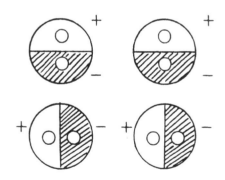

● *Ejemplo 146*

Proceso: Montaje de botones de control en cassettes

Prevención error: X

Parada:

Problema: Inversión de los botones de marcha adelante y rebobinado

Detección error:

Control: X

Solución: Cambio del tamaño de los botones de forma que no pueden intercambiarse

Alarma:

Mejora clave: Pieza modificada para garantizar posicionamiento correcto.

Descripción del proceso: Se montaban paneles de control de cassettes de cintas.

Antes de mejora:

Los botones de marcha adelante y rebobinado se intercambiaban a veces erróneamente durante el montaje. Los botones tenían el mismo tamaño y forma y ajustaban intercambiados. En adición, los símbolos de los botones eran similares.

Después de mejora:

Se ha aprovechado el espacio existente en el panel a la izquierda de un botón y a la derecha del otro. Así, se ha alargado el botón de rebobinado a la izquierda y el de marcha adelante a la derecha, evitando que los botones se monten en sentido inverso. Se ha eliminado por completo la inserción errónea de botones.

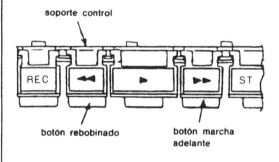

montaje panel control

soporte control

botón rebobinado   botón marcha adelante

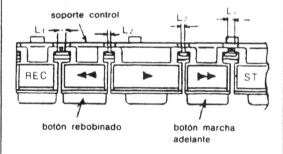

montaje panel control

soporte control

botón rebobinado   botón marcha adelante

● *Ejemplo 147*

Proceso: Montar conmutadores en placas de circuitos

Problema: Montaje de conmutadores con dirección inversa

Solución: Hacer asimétricos los conmutadores

Prevención error: X

Detección error:

Parada:

Control: X

Alarma:

Mejora clave: Pieza modificada para garantizar posicionamiento correcto

Descripción del proceso: Se montaban conmutadores en placas de circuitos.

Antes de mejora:

Era difícil determinar la dirección de montaje apropiada por la apariencia exterior del conmutador, pero los conmutadores tenían características de circuito que quedaban afectadas por la dirección del montaje. Ocurrían defectos debidos al montaje en dirección inversa.

Después de mejora:

Se ha cortado un terminal innecesario del conmutador, eliminándose el correspondiente orificio en la placa de circuitos, haciendo imposible realizar montajes con dirección invertida. Los defectos se han eliminado por completo.

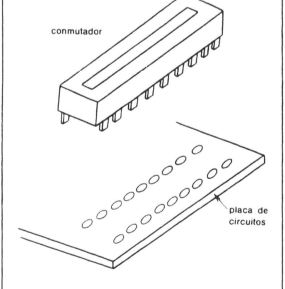

conmutador / placa de circuitos

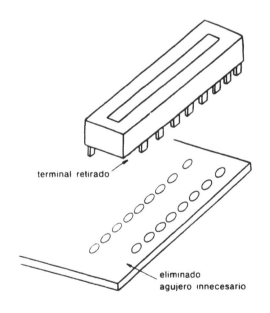

terminal retirado / eliminado agujero innecesario

● *Ejemplo 148*

Proceso: Montaje de paneles de control de cassettes de cintas

Problema: Se intercambiaban erróneamente las teclas

Solución: Añadidas espigas poka-yoke en diferentes posiciones en cada tecla

Prevención error: X

Detección error:

Parada:

Control: X

Alarma:

Mejora clave: Pieza modificada para garantizar posicionamiento correcto

Descripción del proceso: Las teclas se unían a los botones de control de cassettes de cintas durante el montaje del panel de control. Se conectaban cuatro clases de teclas a los botones de control.

Antes de mejoras:

Las teclas y botones de control tenían todos la misma forma y eran intercambiables. El montaje correcto descansaba exclusivamente en la vigilancia de los trabajadores.

Después de mejora:

Se han añadido espigas poka-yoke en diferentes posiciones de cada tecla, y los orificios en que tienen que encajar las mismas se han añadido a los botones de control. Los errores se han eliminado por completo. Esta solución puede aplicarse en el futuro a nuevos modelos de productos similares.

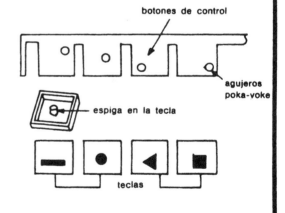

● *Ejemplo 149*

Proceso: Montaje de placas a árboles

Prevención error:

Parada:

Problema: Placas montadas en extremos de árboles equivocados

Detención error: X

Control: X

Solución: Incorporada guía de detección en proceso siguiente

Alarma:

Mejora clave: Plantilla modificada para detectar piezas defectuosas

---

Descripción del proceso: Se montaban placas en extremos de árboles.

Antes de mejora:

Era posible montar las placas en cada uno de los extremos de los árboles, resultando piezas defectuosas. Estas piezas a menudo seguían inadvertidas por la línea.

correcto

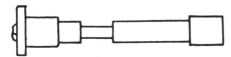

incorrecto

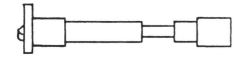

después de mejora:

Se ha añadido una guía en la plantilla en que se ajusta la pieza en el proceso siguiente para detectar los árboles con placas en extremo erróneo. Los árboles con placas montadas a la inversa no pasan ya a los procesos siguientes.

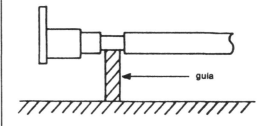

guía

● *Ejemplo 150*

Proceso: Ajuste con prensa de piezas en árboles
Problema: Piezas montadas invertidas

Prevención error: X
Detección error:

Parada: X
Control:

Solución: Uso de pequeñas diferencias de dimensiones de cabeza y fondo de la pieza para detectar montaje incorrecto
Mejora clave: Util modificado para garantizar posicionamiento incorrecto

Alarma:

Descripción del proceso: Una pieza con perfil globular se montaba en un árbol mediante ajuste en prensa.

Antes de mejora:

La pieza tenía un perfil simétrico en cabeza y fondo, y el extremo a ajustar en el árbol tenía casi el mismo tamaño que el extremo opuesto. A veces las piezas se ajustaban en el árbol en posición invertida. El operador chequeaba durante la operación que la pieza se estaba montando correctamente, pero, con todo, a veces se montaban piezas al revés, resultando problemas en los procesos siguientes.

Después de mejora:

Se ha diseñado un detector para alertar al operador si la pieza se monta invertida, utilizando la ligera diferencia en longitudes de la cabeza y fondo. Cuando una pieza se monta invertida (con la parte más larga en la cabeza), fuerza el peso, oprime la placa resorte y libera el cilindro de la garra de la prensa. La prensa no puede emplearse de nuevo para prensar hasta que se monte otra vez, de forma que un montaje incorrecto se advierte siempre por el operador.

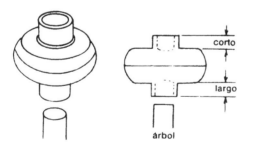

corto
largo
árbol

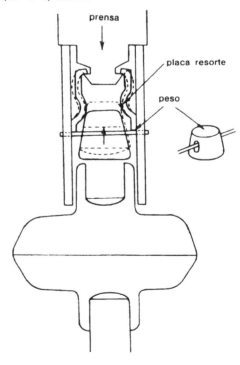

prensa
placa resorte
peso

● *Ejemplo 151*

Proceso: Montaje de componentes en placas de circuitos

Problema: Defectos de polaridad

Solución: Hacer las piezas asimétricas

Mejora clave: Pieza modificada para garantizar posicionamiento correcto

Prevención error: X

Detección error:

Parada:

Control: X

Alarma:

Descripción del proceso: Se insertaban piezas electrónicas en placas de circuitos impresos y se soldaban. : Casi todas las piezas electrónicas tenían polaridad. Si se montaban con la polaridad errónea, no operaban correctamente.

Antes de mejora:

Era posible montar muchas de las piezas en dirección equivocada. Si los errores de inserción se descubrían en la inspección, tenían que desprenderse y resoldarse. Esto entrañaba considerables gastos y tiempo.

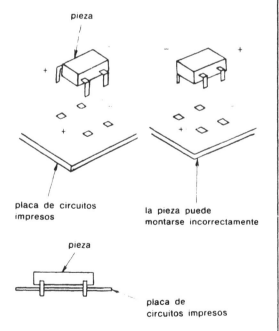

Después de mejora:

La clave para la mejora es hacer imposible el montaje de piezas con polaridad errónea. Pueden usarse algunas estrategias. Si las patas de las piezas se hacen de longitudes diferentes y se diseñan los correspondientes orificios en la plantilla de montaje, la pieza no puede montarse a la inversa. Otro método es variar el espacio entre las patas (y entre orificios correspondientes en las placas), de forma que la pieza encaje en los orificios solamente con una orientación.

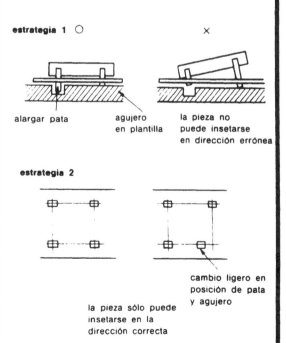

● *Ejemplo 152*

Proceso: Montaje de rodamiento de rodillos   **Prevención error**:   **Parada**:

Problema: Rodillos omitidos   **Detección error**: X   **Control**:

Solución: Contar rodillos con conmutador de proximidad   **Alarma**: X

Mejora clave: Util modificado para detectar piezas defectuosas

---

Descripción del proceso: Alrededor de veinte rodillos se insertaban en cajas de rodamiento en el proceso de montaje de rodamientos.

Antes de mejora:

Algunas veces la máquina de inserción de los rodillos funcionaba mal y unos pocos rodillos se omitían del rodamiento. Rodamientos con rodillos omitidos llegaban a procesos posteriores. Estos rodamientos se identificaban a veces en chequeos visuales en procesos siguientes, pero a veces no se advertían.

Después de mejora:

La máquina de inserción de rodillos tiene una posición en la que las piezas se giran. Un pequeño conmutador de proximidad montado en esta posición detecta los rodillos uno a uno. Las señales del conmutador se detectan y correlacionan con una señal de tiempo. Si no se detecta un rodillo sobre un cierto intervalo, una alarma señala la omisión de un rodillo.

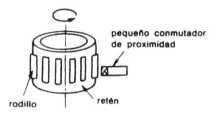

señales conmutador proximidad

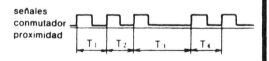

T_3 señala la omisión de un rodillo

● *Ejemplo 153*

Proceso: Ajuste con prensa de placas de   **Prevención error:** X   **Parada:**
     refuerzo de radios de volantes de dirección
Problema: Placas instaladas en posición errónea   **Detección error:**   **Control:** X

Solución: Plantilla para evitar posición defectuosa   **Alarma:**

Mejora clave: Plantilla modificada para garantizar posicionamiento correcto

Descripción del proceso: Placas de refuerzo se ajustaban con prensa en radios de volantes de dirección.

Antes de mejora:

   Las placas de refuerzo a veces no se prensaban en la posición apropiada, y entonces los radios no podían montarse correctamente.

Después de mejora:

   El extremo del radio se monta sobre una plantilla equipada con un conmutador de contacto en la propia posición final de la placa de refuerzo. Suena un timbre y luce una lámpara cuando la placa se ha presionado todo el recorrido hasta la posición apropiada. El posicionamiento defectuoso se ha eliminado completamente.

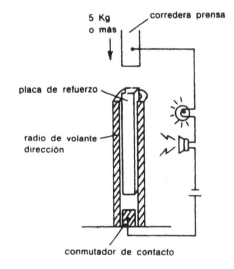

5 Kg o más

corredera prensa

placa de refuerzo

radio de volante dirección

conmutador de contacto

Omisiones en montaje

● *Ejemplo 154*

Proceso: Montaje de chasis de cámaras   **Prevención de error:**   **Parada:**

Problema: Omisión de anillos para correa cámara   **Detección error:** X   **Control:** X

Solución: Un microconmutador y un cilindro neumático detectan automáticamente la omisión de los anillos antes de la inspección final

Mejora clave: Util utilizado para detectar piezas defectuosas

---

Descripción del proceso: Se montaban anilos para las correas en el proceso de montaje de cámaras.

Antes de mejora:

Como los anillos de suspensión no tenían efecto alguno en las funciones de la cámara, era imposible descubrir su omisión en las inspecciones intermedias puramente funcionales. El operador montaba los anillos, hacía un chequeo visual del trabajo, y pasaba la unidad al proceso siguiente. Ocurrían a veces errores en el chequeo y la omisión no se descubría a menudo hasta la inspección final de la apariencia externa de las cámaras.

correcto

anillo de suspensión

defectuoso

Después de mejora:

El chequeo visual de los anillos se ha discontinuado en favor de un método que utiliza un microconmutador y un cilindro neumático. El mecanismo de chequeo se ha montado en la mesa de inspección, y la detección se realiza automáticamente como parte del proceso de inspección.

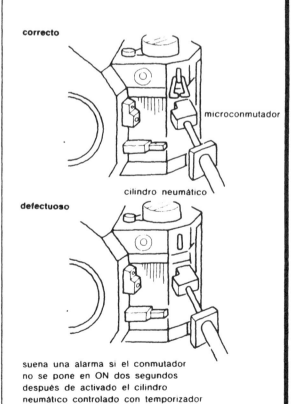
correcto

microconmutador

cilindro neumático

defectuoso

suena una alarma si el conmutador no se pone en ON dos segundos después de activado el cilindro neumático controlado con temporizador

● *Ejemplo 155*

Proceso: Tuercas soldadas a placas

Problema: Tuercas omitidas

Solución: Detectar la omisión con plantilla en proceso siguiente

Mejora clave: Util modificado para detectar piezas defectuosas

Prevención error:

Detección error: X

Parada: X

Control:

Alarma:

Descripción del proceso: Se soldaban dos tuercas a una placa que después se enviaba a un proceso de anclaje en panel.

Antes de mejora:	Después de mejora:
Los operadores verificaban visualmente que las tuercas estaban montadas. Sin embargo, ocasionalmente los operadores permitían que piezas sin tuercas siguiesen adelante.	Se han montado conmutadores de límite para detectar el montaje de las tuercas en la plantilla utilizada en el proceso que sigue de anclaje a un panel. El anclaje no se realiza, a menos que ambas tuercas estén presentes, y las piezas sin tuercas ya no pasan más a los procesos siguientes.

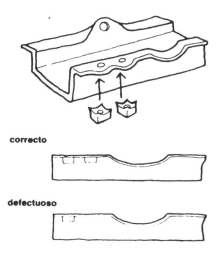

correcto

defectuoso

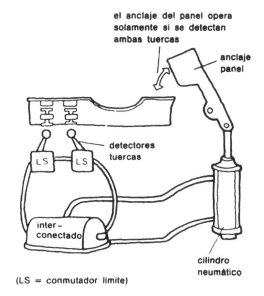

el anclaje del panel opera solamente si se detectan ambas tuercas

anclaje panel

detectores tuercas

inter- conectado

cilindro neumático

(LS = conmutador límite)

● *Ejemplo 156*

Proceso: Montaje embrague motocicleta

Problema: Omisión bola vástago empujador

Solución: Conmutador de límite/cilindro neumático

Mejora clave: Util modificado para detectar piezas defectuosas

Prevención error:

Detección error: X

Parada:

Control:

Alarma: X

Descripción del proceso: Uno de los procesos del montaje de motores de motocicletas era montar una bola y un vástago empujador para conectar el embrague.

Antes de mejora:

La omisión de la bola no se detectaba siempre por los operadores en los procesos siguientes, y se recibían quejas de los procesos siguientes en la línea.

Después de mejora:

El eje empujador tiene diferente peso, dependiendo de que se haya insertado o no la bola. Este hecho se ha usado para desarrollar un sensor simple para detectar la omisión de bolas. Cuando la bola se ha insertado apropiadamente, la placa de anclaje no oscila, y de esta forma no presiona contra el conmutador de límite. Por otra, si se ha omitido la bola, la placa de anclaje oscila y presiona contra el conmutador de límite, activando una alarma.

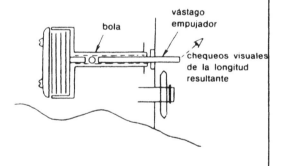

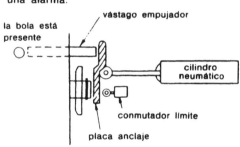

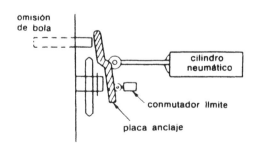

● *Ejemplo 157*

Proceso: Montaje de varias piezas en un árbol   **Prevención error**: X   **Parada**:

Problema: Omisión de piezas   **Detección error**:   **Control**: X

Solución: Cajas automatizadas de piezas   **Alarma**: X

Mejora clave: Selección automatizada de piezas

Descripción del proceso: Se montaban algunas piezas en un árbol. La secuencia de montaje era: 1. Tomar y montar collarín. 2. Tomar y montar corona dentada. 3. Montar arandela de resorte. 4. Apretar tuerca.

Antes de mejora:

A veces el operador olvidaba montar el collar.

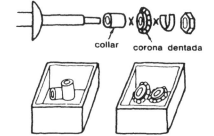

collar   corona dentada

Después de mejora:

Se han desarrollado cajas automáticas de piezas, controladas por detectores fotoeléctricos. La tapa de la caja de las coronas dentadas no se abre hasta que no se enciende una lámpara en la misma, señalando que el operador ha retirado un collarín. A su vez, una vez que se ha abierto la caja de las coronas dentadas, la tapa de la caja de los collarines no se reabrirá para el siguiente montaje de un árbol hasta que se haya apagado la lámpara de la caja de coronas dentadas.

Si el operador olvida montar el collarín, la tapa de la caja de las coronas dentadas no se abre, y el operador advierte el error.

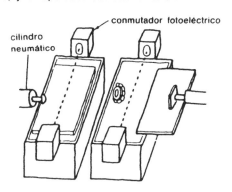

conmutador fotoeléctrico

cilindro neumático

● *Ejemplo 158*

Proceso: Montaje de motores de motocicletas   **Prevención error:**   **Parada:**

Problema: Olvidar o no apretar pernos del cárter   **Detección error:** X   **Control:**

Solución: Test automático, utilizando vástagos y conmutadores de límite   **Alarma:** X

Mejora clave: Util empleado para detectar piezas defectuosas

Descripción del proceso: En el montaje de motores de motocicletas se insertaban pernos en el cárter por un operador y se atornillaban con una máquina automática.

Antes de mejora:

El cárter continuaba circulando por la línea, aunque no se hubiesen colocado o apretado los pernos. Se realizaba verificaciones visuales y otros tests para descubrir estas anomalías. Como esto resultaba en la realización de operaciones innecesarias, se incrementaban las horas de trabajo y se recargaban las tareas.

Después de mejora:

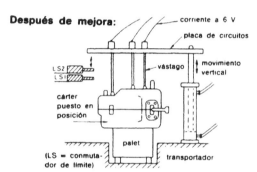

Se ha desarrollado un mecanismo para verificar automáticamente la omisión o no apretado de pernos. El mecanismo tiene varios vástagos montados en una placa de circuito, y el conjunto del montaje se mueve arriba y abajo por medio de un cilindro neumático. El número y posición de los vástagos se corresponde con el de los pernos.

Los vástagos reciben corriente de 6 V. El mecanismo puede distinguir entre tres estados:

1. Cuando los pernos están insertados y tensados correctamente, los vástagos contactan los pernos (y se permite que la corriente fluya hasta los pernos) al mismo tiempo que los conmutadores de límite 1 y 2 se activan por el contacto con el montaje de la placa de circuito.

2. Si no se han apretado los pernos, la corriente fluye a través de los vástagos antes de que la placa de circuito haya contactado y activado los conmutadores.

3. Si los pernos no se han insertado, la corriente no fluirá incluso después de que el conmutador 1 se haya contactado por la placa de circuito.

Con este mecanismo se ha reducido el número de horas de trabajo de chequeo, y ya no se envían unidades defectuosas al proceso siguiente.

● *Ejemplo 159*

Proceso: Montaje de diferentes piezas

Prevención error:

Parada:

Problema: Omisión de piezas

Detección error: X

Control:

Solución: Confirmación visual del montaje de todas las piezas

Alarma: X

Mejora clave: Procedimiento modificado para garantizar proceso correcto

---

Descripción del proceso: Veinte o más piezas se montaban en un proceso de montaje.

Antes de mejora:

Las piezas se referenciaban alfabéticamente y se montaban en ese orden, pero era difícil para el operador recordar la pieza montada, y tendían a ocurrir omisiones.

piezas a montar

banco de trabajo

Después de mejora:

Se ha desarrollado un contenedor "informativo" de piezas. Cuando se coge una pieza, el movimiento de la tapa activa un conmutador fotoeléctrico que apaga una lámpara. Si cualquier luz está aún encendida cuando el operador acaba el montaje, indica la omisión de una pieza.

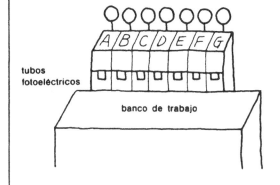

tubos fotoeléctricos

banco de trabajo

● *Ejemplo 160*

Proceso: Una serie variada de operaciones   **Prevención error:** X   **Parada:**
en una pieza
Problema: Tuercas no apretadas   **Detección error:**   **Control:**

Solución: Colocar un temporizador en llave de impacto   **Alarma:** X

Mejora clave: Procedimiento modificado para garantizar procesamiento correcto

Descripción del proceso: Se apretaban dos tuercas como parte de una serie de operaciones que incluían la colocación de una plantilla de soldadura y la realización de ésta.

Antes de mejora:

Como los lugares de trabajo y la cantidad de éste variaban dependiendo del tipo de pieza, los operadores olvidaban a veces apretar las tuercas.

Después de mejora:

Se ha conectado un temporizador a la llave de impacto utilizada para apretar las tuercas, el cual se fija para X minutos cuando la pieza llega al área de trabajo. Si la llave de impacto no se ha utilizado dentro del tiempo fijado, se enciende una luz giratoria y suena una alarma que alertan al operador para que apriete las tuercas.

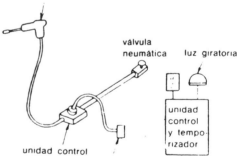

llave de impacto

válvula neumática   luz giratoria

unidad control y temporizador

unidad control

relé

● *Ejemplo 161*

Proceso: Montaje de bloques en suelo automóviles

Problema: Omisión bloques

Solución: Detectar la omisión del bloque con conmutador de límite en proceso siguiente

Mejora clave: Plantilla modificada para detectar piezas defectuosas

Prevención error:

Detección error: X

Parada:

Control:

Alarma: X

Descripción el proceso: Se montan bloques en la parte posterior del suelo de automóviles.

Antes de mejora:

Los operadores de los procesos siguientes tenían confiado determinar si los bloques estaban en su sitio. El bloque era difícil de verificar por su localización en la parte trasera del suelo, y como resultado de esto algunos chasis con los bloques omitidos se enviaban a menudo al proceso siguiente.

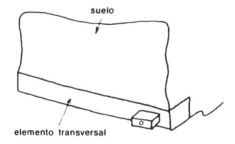

Después de mejora:

Se ha instalado un connmutador de límite operado por aire para determinar si el bloque está en su sitio. El circuito de aire se abre tan pronto como la pieza se entrega al proceso siguiente y se pone en posición. Si el conmutador de límite no detecta el bloque, suena un silbato para alertar al operador.

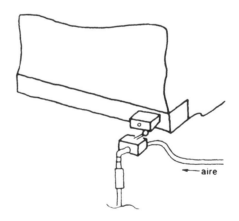

● *Ejemplo 162*

Proceso: Línea de montaje

Problema: Piezas omitidas

Solución: Detectar omisiones con conmutadores de límite

Mejora clave: Procedimiento modificado para detectar piezas defectuosas

Prevención error:

Detección error: X

Parada: X

Control:

Alarma:

Descripción del proceso: Se montaban bloques rectangulares sobre piezas de trabajo, y las piezas seguían a otros procesos.

Antes de mejora:

A veces el operador olvidaba montar los bloques. Estos defectos no se detectaban hasta la inspección del montaje final.

Después de mejora:

Se han instalado dos conmutadores de límite en la línea para detectar la presencia de los bloques rectangulares. La cinta transportadora, para si un conmutador se abre y el otro no. Esto ha eliminado completamente las omisiones de montaje.

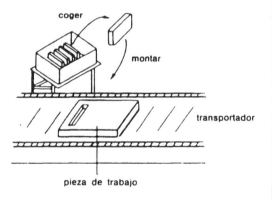

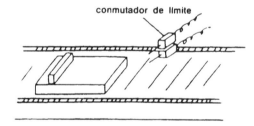

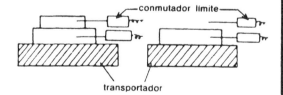

• *Ejemplo 163*

Proceso: Montaje

Problema: Piezas omitidas

Solución: Contar piezas para asegurar que se ha instalado el número correcto

Mejora clave: Comparación entre número de piezas usado y número de piezas requerido

Prevención error:

Detección error: X

Parada:

Control: X

Alarma:

Descripción del proceso: En el proceso de montaje había diversas piezas, tales como pequeños accesorios, que se montaban por detrás de otras piezas.

Antes de mejora:

Como consecuencia de que las piezas estaban escondidas, era difícil detectar si estaban o se habían omitido. A menudo la detección era posible solamente desmantelando la unidad. Se suponía que los trabajadores de los procesos previos, en que aun eran visibles las piezas, habían chequeado su instalación. Sin embargo, el chequeo a menudo se ignoraba, y los productos con piezas omitidas seguían adelante, e incluso se enviaban al mercado.

Después de mejora:

Las piezas que son necesarias para un lote dado de productos se cuentan con anterioridad y se le dan al trabajador. Si alguna de las piezas están aún a mano después de haberse montado el número planificado de productos, o si no hay suficientes piezas, resulta claro que se ha producido una anomalía. Este método de chequeo evita que unidades con piezas omitidas se envíen al mercado.

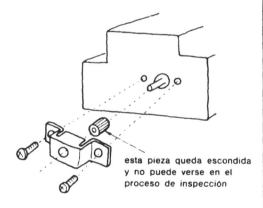

esta pieza queda escondida y no puede verse en el proceso de inspección

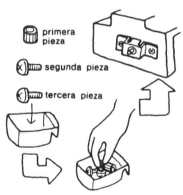

primera pieza

segunda pieza

tercera pieza

al trabajador se le da exactamente el número correcto para la cantidad de productos a hacer

● *Ejemplo 164*

Proceso: Montaje

Problema: Omisión de piezas

Solución: Cajas automatizadas de piezas conectadas con movimiento de la línea

Mejora clave. Selección automatizada de piezas

Prevención error: X

Detección error:

Parada: X

Control:

Alarma: X

Descripción del proceso: El operador montaba un conjunto de piezas en una línea de montaje.

Antes de mejora:

El montaje correcto descansaba enteramente en la vigilancia del trabajador. Si el trabajador estaba fatigado o se separaba de la línea por un momento, a menudo algunas de las piezas del conjunto se omitían.

Después de mejora:

Se han hecho contenedores de piezas especiales para evitar que los trabajadores omitan piezas durante el montaje. Cuando el trabajador abre la tapa y retira una pieza, un conmutador de límite se activa y se enciende una luz. Un tope de la línea permite que pase la pieza a la próxima estación solamente después de que se han encendido todas las luces apropiadas (o se han montado todas las piezas). Esto ha eliminado completamente las unidades defectuosas con piezas omitidas.

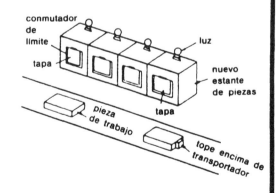

● *Ejemplo 165*

Proceso: Montaje de ventiladores

Prevención error: X

Parada:

Problema: Piezas omitidas

Detección error:

Control: X

Solución: Mejorar sistema almacenaje piezas

Alarma:

Mejora clave. Automatizada la selección de piezas

Descripción del proceso: Las aletas del ventilador se montaban en chasis de este aparato.

Antes de mejora:

Las piezas necesarias para montar el ventilador se colocaban en el banco de trabajo y los trabajadores las utilizaban en un montaje en secuencia. Los trabajadores a veces olvidaban montar algunas piezas, tales como arandelas lisas o arandelas de resorte.

Después de mejora:

Se ha desarrollado un estante en el que se almacenan las piezas en el orden en que se emplean en el proceso de montaje. Las piezas son accesibles a través de una ventana en el borde trasero del banco de trabajo, que se mueve sobre raíles para permitir que el trabajador tome cada pieza en el orden automático en que las necesita.

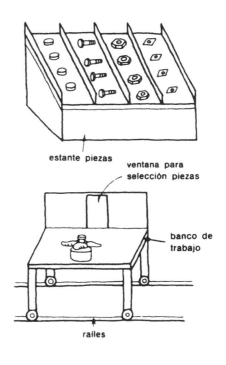

estante piezas

ventana para
selección piezas

banco de
trabajo

raíles

● *Ejemplo 166*

Proceso: Montaje de árboles a rotores   **Prevención error:** X   **Parada:**

Problema: Omisión de arandela de resorte   **Detección error:**   **Control:** X

Solución: Modificar llave de forma que la tuerca no pueda apretarse si se   **Alarma:**
           ha omitido la arandela

Mejora clave. Herramienta modificada para garantizar proceso correcto

---

Descripción del proceso: Se montaban árboles sobre rotores con una tuerca y una arandela de resorte, apretadas con una llave de torsión automática.

Antes de mejora:

La tuerca podía roscarse y apretarse en el árbol incluso si se había omitido la arandela de resorte. No era posible detectar la omisión después de que se había apretado la tuerca.

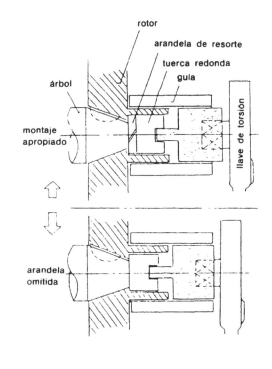

Después de mejora:

El extremo roscador de la llave de torsión se ha mejorado ácortándolo. La omisión de las arandelas de resorte puede ahora detectarse porque sin ellas la tuerca no puede apretarse y la llave automática de vueltas inútiles.

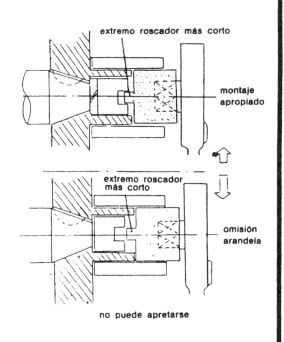

● *Ejemplo 167*

Proceso: Inserción de piezas durante la fundición a presión
Problema: Omisión de piezas a insertar

Prevención error:

Detección error: X

Parada:

Control:

Solución: Detectar la omisión electrónicamente en el proceso siguiente

Alarma: X

Mejora clave. Util modificado para detectar piezas defectuosas

---

Descripción del proceso: Se insertaba una cierta pieza durante el proceso de fundición a presión.

Antes de mejora:

Como la inserción era tan crítica para la correcta operación de la pieza, el 100 por cien de los productos fundidos era inspeccionado visualmente y marcado. A pesar de esta extensiva inspección, los clientes se quejaban a veces de que las piezas insertadas se habían omitido.

Después de mejora:

Se ha montado un sensor para detectar la inserción en el útil para el proceso de desbarbado que sigue a la fundición. El detector está conectado con los controles de la prensa de forma que la prensa no opera si la inserción se ha omitido. Adicionalmente, se disparan una alarma y una luz de señales que informan al operador que la pieza es defectuosa. Se ha eliminado el proceso de inspección visual, y todas las piezas defectuosas se detectan ahora.

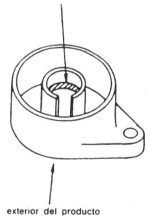

pieza insertada

exterior del producto

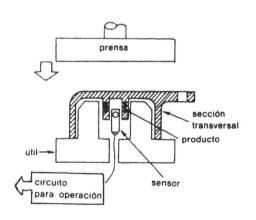

prensa

sección transversal

producto

útil

sensor

circuito para operación

● *Ejemplo 168*

Proceso: Montaje de anillos en E en vástagos

Problema: Omisión de anillos en E

Solución: Uso de inspección automática

Mejora clave: Util modificado para detectar piezas defectuosas

Prevención error:

Detección error: X

Parada:

Control: X

Descripción del proceso: Se montaban anillos en E en vástagos.

Antes de mejora:

Después de montar los anillos, se verificaban visualmente. Sin embargo, a veces las omisiones no se detectaban y las piezas se montaban en el producto final sin los anillos.

correcto

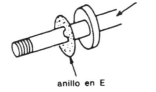

pieza de trabajo

anillo en E

erróneo

Después de mejora:

Se ha desarrollado un mecanismo de detección automática, utilizando un cilindro neumático y un conmutador de límite que detecta la presencia del anillo en E.

correcto

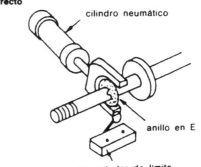

cilindro neumático

anillo en E

conmutador de límite

erróneo

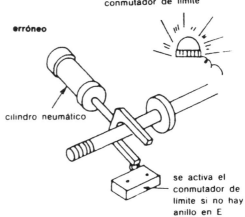

cilindro neumático

se activa el conmutador de límite si no hay anillo en E

Omisiones en proceso

● *Ejemplo 169*

Proceso: Corte en árboles de ranuras de chaveta
Problema: Omisión de ranuras de chaveta

Prevención error: X
Detección error:

Parada: X
Control:

Solución: Hacer los montajes de los árboles inamovibles mientras no se hayan mecanizado las ranuras
Mejora clave: Util modificado para garantizar procesamiento correcto

Alarma:

Descripción del proceso: Un operador es responsable de un cierto número de fresadoras automáticas con mando hidráulico de aceite, utilizadas para mecanizar ranuras de chaveta perfiladas en media luna en árboles. El operador olvida a veces pulsar el botón de arranque en alguna máquina. Después de cortar las ranuras, los árboles pasan a tratamiento térmico.

Antes de mejora:

Las piezas de trabajo sin ranuras de chaveta cortadas se confundían fácilmente como piezas completas y se retiraban de la fresadora y enviaban al proceso de endurecido. Sin embargo, después del tratamiento térmico, los árboles no podían volverse a mecanizar (como consecuencia del alto grado de dureza adquirido) cuando se descubría el error. Si las piezas defectuosas se enviaban a un cliente sin ser descubiertas, se ensamblaban sin posterior chequeo. Como las ranuras no se empleaban hasta el montaje final de las piezas, los defectos no se descubrían sino muy al final.

Cuando se descubrían al final las ranuras de chaveta no cortadas, era necesario desmantelar completamente las piezas, destruyendo muchas de ellas. por tanto, la omisión de una ranura de chaveta tenía más tarde costosos efectos.

Después de mejora:

Para evitar la falta de corte de las ranuras de chaveta, se han añadido un cilindro neumático y un circuito eléctrico que hacen imposible retirar la pieza de trabajo, una vez montada en la fresa neumática, hasta que no se ha cortado.

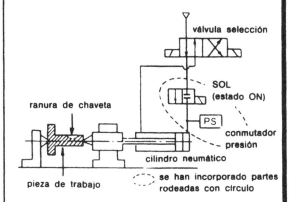

● *Ejemplo 170*

Proceso: Roscado   **Prevención error:** X   **Parada:**

Problema: Recuento erróneo de orificios   **Detección error.**   **Control:** X

Solución: Instalar contadores automáticos interconectados   **Alarma:**

Mejora clave. Util modificado para garantizar cuenta correcta del proceso

Descripción del proceso. Se roscaban numerosos orificios en cada pieza, utilizando tres machos de roscar de diferente tamaño en máquinas de roscar de un solo árbol. Los tres procesos eran:
1. Para diámetro M5 se roscan completamente 4 orificios.
2. Dos orificios del mismo M5 se roscan 15 mm.
3. Se roscan tres M6 completamente.

Antes de mejora:

Los operadores contaban los orificios mientras roscaban, en adición a cambiar de máquina después de cada conjunto de orificios. Algunas veces los orificios no se roscaban si el operador contaba mal, resultando situaciones como, por ejemplo, tres orificios de M5 en vez de cuatro.

Después de mejora:

Se ha incorporado un contador electromagnético a cada máquina. Cada contador se fija en el número de orificios a roscar. Cuando un contador registra que se han roscado los orificios fijados, desactiva la máquina y envía una señal a la próxima máquina, permitiéndola que se ponga en marcha. Cuando cambian los modelos, es suficiente cambiar el montaje del contador (el número de orificios a roscar) para continuar trabajando.

● *Ejemplo 171*

Proceso: Línea de producción

Problema: Productos no mecanizados

Solución: Detectar productos no mecanizados por diferencia de peso

Mejora clave. Procedimiento modificado para detectar piezas defectuosas

Prevención error:

Detección error: X

Parada:

Control:

Alarma: X

Descripción del proceso: Una línea de producción paraba a veces temporalmente como consecuencia de averías o problemas de maquinaria.

Antes de mejora:

Cuando la línea de producción comienza de nuevo después de una parada, algunos de los productos que circulaban por la línea podían no haber sido mecanizados. Los productos no mecanizados seguían circulando inadvertidamente y, a veces, rompían los útiles en los procesos siguientes.

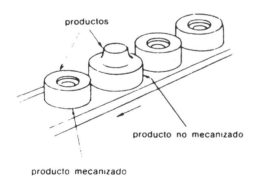

productos

producto no mecanizado

producto mecanizado

Después de mejora:

Hay una gran diferencia de altura entre los productos mecanizados y los no mecanizados. Se ha montado un conmutador de límite en una puerta sobre la línea para detectar los artículos con exceso de altura. Cuando se activa el conmutador de línea, una alarma pone en alerta al operador.

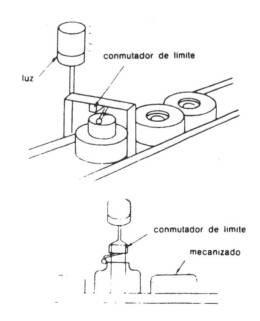

luz

conmutador de límite

conmutador de límite

mecanizado

● *Ejemplo 172*

Proceso. Taladrado

Problema: Número incorrecto de orificios

Solución: Contador para contar los orificios taladrados

Mejora clave: Util modificado para garantizar cuenta correcta del proceso

Prevención error: X

Detección error:

Parada: X

Control:

Alarma: X

Descripción del proceso: Se taladraban algunos orificios en cada pieza de trabajo.

Antes de mejora:

El operador contaba los orificios conforme los taladraba. Sin embargo, el operador, a veces, cometía errores, y se producían piezas con un número incorrecto de orificios.

Después de mejora:

Se ha montado un contador en la prensa taladradora que detecta cada orificio conforme se taladra. Junto con esto, se ha montado en la plantilla un conmutador de límite para detectar cuándo se coloca otra pieza de trabajo. Estos mecanismos están interconectados, y suena un timbre si la pieza de trabajo se retira y se monta otra antes de haber taladrado el número apropiado de orificios.

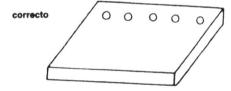

correcto

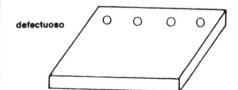

defectuoso

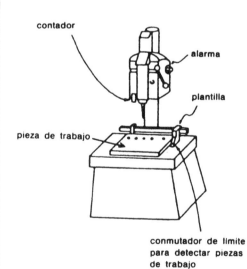

contador

alarma

plantilla

pieza de trabajo

conmutador de límite
para detectar piezas
de trabajo

● *Ejemplo 173*

Proceso: Perforado

Problema: Productos no perforados

Solución: Detectar omisión perforado en proceso siguiente

Mejora clave: Util modificado para detectar piezas defectuosas

Prevención error:

Detección error: X

Parada:

Control: X

Alarma:

Descripción del proceso. Los productos se fundían a presión y después se perforaban.

Antes de mejora:

Se realizaban inspecciones visuales del perforado en la inspección final antes de que los productos se entregaran, pero, con todo, los clientes descubrían a veces productos que no se habían perforado completamente.

correcto

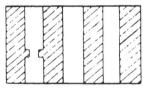

sección transversal de pieza

no perforado

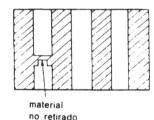

material
no retirado

Después de mejora:

Se ha montado un vástago en la plantilla en el proceso siguiente a la fundición, en el que las piezas se taladran. Si la pieza no se ha perforado bien, el vástago impide que la pieza se asiente correctamente en la plantilla, y se detecta la omisión del perforado. Esto ha eliminado completamente el proceso posterior de piezas no perforadas.

correcto

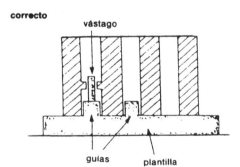

vástago

guías   plantilla

no perforado

el vástago impide que la pieza se asiente en la plantilla

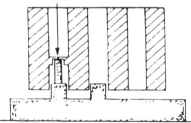

● *Ejemplo 174*

Proceso: Taladrado

Problema: Taladrado omitido

Solución: Instalar vástago en proceso siguiente para verificar taladrado

Mejora clave: Util modificado para detectar piezas defectuosas

Prevención error: X   **Parada:**

Detección error: **Control:** X

Alarma:

Descripción del proceso: Los apoyos eran taladrados, y después curvados. Si los apoyos se curvaban primero, era imposible taladrar posteriormente los orificios.

Antes de mejora:

La corrección de las operaciones descansaba en la vigilancia de los operadores. Sin embargo, los operadores algunas veces curvaban los apoyos antes de taladrarlos, creando una pieza defectuosa que tenía que desecharse.

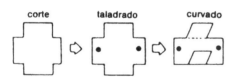

secuencia correcta

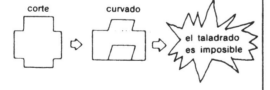

secuencia incorrecta

Después de mejora:

Se han añadido vástagos al útil de curvado, haciendo imposible asentar los apoyos si no están taladrados. Se han eliminado completamente las omisiones del taladrado.

secuencia correcta

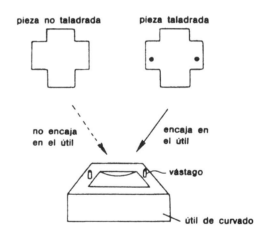

● *Ejemplo 175*

Proceso: Soldadura por puntos de tuercas   **Prevención error:** X   **Parada:** X

Problema: Omisión de tuercas   **Detección error:**   **Control:**

Solución: Conmutador fotoeléctrico detecta la ausencia de tuerca   **Alarma:**

Mejora clave: Util modificado para garantizar procesamiento correcto

Descripción del proceso: Una pieza de trabajo y una tuerca se colocaban en una plantilla en una máquina de soldar por puntos, y se soldaban juntas.

Antes de mejora:

Era posible realizar la soldadura sin estar la tuerca en su sitio, resultando una pieza defectuosa.

Después de mejora:

Se han incorporado a la máquina de soldar un detector fotoeléctrico y un emisor de un rayo luminoso. Si no hay una tuerca en la plantilla, la cabeza de soldadura desciende por debajo del emisor de luz y corta el rayo luminoso, y el conmutador fotoeléctrico desactiva la máquina de soldar. Si la tuerca está presente, el rayo de luz no se interrumpe y la soldadura puede proceder.

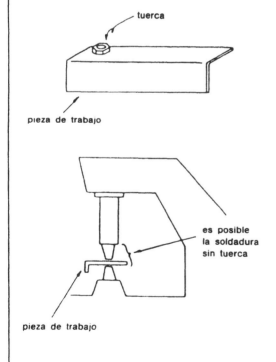

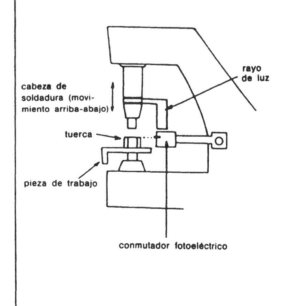

● *Ejemplo 176*

Proceso: Desbarbado

Problema: Omisión del desbarbado

Solución: Detectar rebabas remanentes en proceso siguiente

Mejora clave: Util modificado para detectar piezas defectuosas

Prevención error:

Detección error: X

Parada:

Control: X

Descripción del proceso: Los soportes eran fundidos, desbarbados y, finalmente, taladrados.

Antes de mejora:

Los trabajadores olvidaban a veces desbarbar los soportes. Las piezas de trabajo se enviaban a taladrar sin haber sido desbarbadas, y el efecto no se descubría.

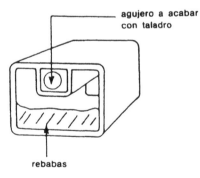

agujero a acabar con taladro

rebabas

Después de mejora:

Se ha montado en el cabezal de la prensa taladradora un vástago para detectar las rebabas y rebordes remanentes, de forma que el taladro no puede descender si hay rebabas. Las omisiones del desbarbado se detectan siempre.

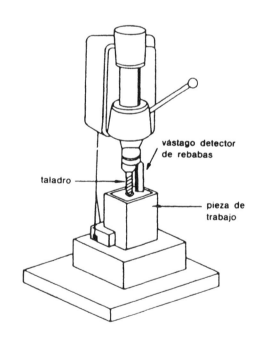

vástago detector de rebabas

taladro

pieza de trabajo

● *Ejemplo 177*

Proceso: Inspección

Problema: Omisión etiquetas inspección

Solución: Plantilla de test para detectar la presencia de etiquetas

Mejora clave: Utilización de útil para detectar piezas defectuosas

Prevención error:

Detección error: X

Parada:

Control:

Alarma: X

Descripción del proceso: El trabajador responsable del test de montajes de tubo flexible para presión-resistencia une etiquetas de inspección después de realizar ésta y embala el producto en cajas.

Antes de mejora:

El etiquetado correcto dependía de la vigilancia del trabajador, y las etiquetas se omitían a veces.

producto etiquetado

Después de mejora:

Se ha desarrollado una plantilla para verificar la presencia de etiquetas. Cuando se coloca una pieza de trabajo en la plantilla, se activa un circuito. Si no hay etiqueta en la pieza de trabajo, la corriente pasa a través de la pieza y suena una alarma alertando al trabajador. Si una pieza de trabajo no se coloca en la plantilla en un cierto tiempo, una alarma interconectada con la línea emite sonidos para evitar omisiones del test.

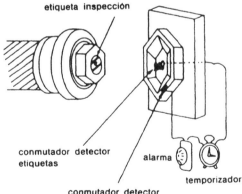

● *Ejemplo 178*

Proceso: Fresado

Problema: Omisión del fresado

Solución: Modificar plantilla en proceso siguiente para detectar omisión
fresado
Mejora clave: Util modificado para detectar piezas defectuosas

Prevención error:

Detección error: X

Parada:

Control: X

Alarma:

Descripción del proceso: Había tres procesos de fresado en una línea. Los trabajadores omitían a veces estos procesos inadvertidamente.

Antes de mejora:

Las piezas de trabajo con procesos de trabajo omitidos fluían por la línea y eventualmente terminaban como productos acabados. Los defectos se descubrían solamente en la inspección final de montaje.

la pieza de trabajo debe fresarse en estos lugares

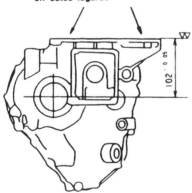

Después de mejora:

La plantilla de la taladradora de múltiples árboles cuyo proceso sigue al fresado, se ha mejorado incorporando dos pernos que hacen imposible montar piezas de trabajo no mecanizadas apropiadamente.

plantilla del taladrado   pernos de test

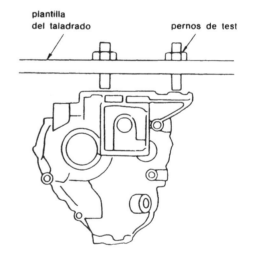

● *Ejemplo 179*

Proceso: Soldadura por puntos   **Prevención error:** X   **Parada:**

Problema: Omisión de soldaduras   **Detección error:**   **Control:** X

Solución: Contador electrónico   **Alarma:** X

Mejora clave: Util modificado para garantizar proceso correcto

---

Descripción del proceso: Se soldaban por puntos un cierto número de componentes diferentes. Cada componente requería un gran número de soldaduras.

Antes de mejora:

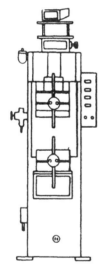

máquina de soldar por puntos

Las operaciones se realizaban siguiendo una hoja de instrucciones de soldadura para la pieza a soldar, el número de soldaduras requeridas, etc. Cada trabajador era responsable de recordar el número de soldaduras. A veces la memoria les fallaba, y se producían errores. Si las soldaduras omitidas no se descubrían en los procesos siguientes, las piezas defectuosas llegaban a la línea de montaje.

Los trabajadores contaban también el número de items procesados, y si los items se colocaban en un palet, se requería más tiempo para contar de nuevo.

Después de mejora:

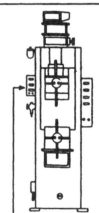

Un contador digital se ha añadido a la soldadura por puntos. El trabajador registra en el contador el número de soldaduras requerido, y este aparato las cuenta conforme se hacen. El contador de soldaduras está interconectado con el circuito de pie utilizado por el operador para realizar las soldaduras.

Las especificaciones del panel del contador incluyen lo siguiente:
1. Un contador digital prerregulable para contar el número de items a procesar;
2. Uno o dos zumbadores, uno para cada tipo de soldadura (algunos modelos tienen dos series de soldaduras);
3. Un circuito rápido, panel de luces, etc., para fijar el número de items a procesar y el número de soldaduras en cada item.

Si van a procesarse 50 items y cada item tiene 10 soldaduras, un zumbador suena después de la soldadura décima, y el contador de items se incrementa. El contador de soldaduras se pone a cero automáticamente. La soldadura por puntos se para después de procesar cincuenta piezas. En los casos en que hay dos series de soldaduras en el mismo item, ambos números se registran en el contador de soldaduras.

Las soldaduras ya no se omiten. El trabajador ya no precisa contar el número de soldaduras, y el recuento de items procesados es plenamente fiable. La cantidad de trabajo completada puede verificarse en cualquier momento.

● *Ejemplo 180*

Proceso: Taladrado

Problema: Orificios no taladrados

Solución: Mejorada la próxima plantilla para detectar omisiones

Mejora clave: Plantilla mejorada para detectar piezas defectuosas

Prevención error:

Detección error: X

Parada:

Control: X

Alarma:

Descripción del proceso: Como resultado de cambios de diseño, después de haber taladrado algunos orificios en un proceso automático, los orificios adicionales se taladraban manualmente.

Antes de mejora:

Los orificios adicionales se omitían algunas veces.

Después de mejora:

La plantilla del proceso siguiente se ha modificado incorporando un vástago para detectar los orificios omitidos. Las omisiones se detectan siempre.

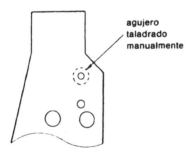

agujero taladrado manualmente

un vástago adicional en la plantilla del proceso siguiente detecta las piezas de trabajo con orificios omitidos

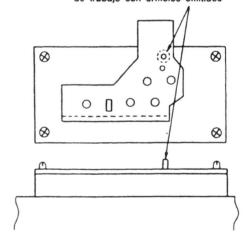

● *Ejemplo 181*

Proceso: Roscado   **Prevención error:** X   **Parada:**

Problema: Roscados omitidos y errores
        de operador   **Detección error:**   **Control:** X

Solución: Conmutador para detectar el roscado efectivo   **Alarma:**

Mejora clave: Util modificado para garantizar procesamiento correcto

---

Descripción del proceso: Una máquina roscadora estaba en uso continuo. Un contador registraba cada roscado, y el número de los mismos se comparaba con el número de items a roscar.

Antes de mejora:

El contador registraba cada intento de roscado de una pieza, lo mismo si era efectivo como si no lo era. Se contaban los errores del operador y las corridas de la máquina en blanco o incompletas, y muchos items no roscados o incompletamente roscados se mezclaban con los items apropiadamente acabados.

Después de mejora:

Se ha instalado un conmutador detector en conexión con una placa saliente incorporada al árbol de la máquina de roscar. El conmutador está interconectado con el mecanismo de la máquina de roscar, de forma que el cabezal del macho de roscar puede ascender solamente si ha hecho todo el recorrido de la posición operativa y el motor ha funcionado lo suficiente como para que el roscado esté acabado.

Se han eliminado completamente los items no roscados. Esta mejora ha podido aplicarse a otros procesos de taladrado y roscado.

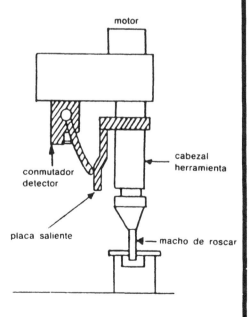

● *Ejemplo 182*

Proceso: Cortando ranuras en vástagos largos   **Prevención error:**   **Parada:**

Problema: Ranuras omitidas   **Detección error:** X   **Control:** X

Solución: Detección omisiones por comparación con piezas mecanizadas   **Alarma:**
          correctamente
Mejora clave: Uso de patrón para la inspección

Descripción del proceso: Se montaban largos vástagos en un torno y se cortaban varias ranuras a lo largo de los mismos

Antes de mejora:

   Los vástagos mecanizados se chequeaban individualmente, pero a menudo esto consumía muchas horas de trabajo. El mecanizado se omitía a veces inadvertidamente, y las piezas no mecanizadas podían pasar inadvertidas y enviadas al proceso siguiente, donde no podían instalarse.

mecanizado correcto

pieza defectuosa   ranura omitida

Después de mejora:

   Los vástagos se colocan en un bastidor de clasificación especialmente construido, donde se comparan directamente con el modelo después del mecanizado. Cualquier omisión de mecanizado se distingue de una ojeada.

resulta inmediatamente obvio la pieza
que tiene omitida una ranura

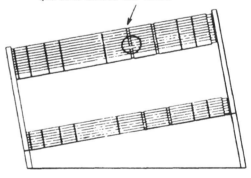

● **Ejemplo 183**

Proceso: Taladrado **Prevención error:** **Parada:**

Problema: Taladrado omitido **Detección error:** X **Control:** X

Solución: Comparación directa utilizando como patrón una pieza procesada **Alarma:**
   correctamente

Mejora clave: Patrón usado para inspección

Descripción del proceso: Se taladraban numerosos orificios en piezas de trabajo en una secuencia de diversos procesos.

Antes de mejora:

   Se hacían chequeos visuales de omisiones comparando las piezas de trabajo con un dibujo. Sin embargo, este método requería numerosas horas de trabajo, y era fácil pasar omisiones por alto. Las piezas defectuosas se enviaban al proceso siguiente, donde no podían instalarse.

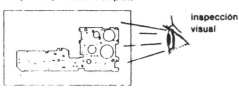

dibujo del producto completo

inspección visual

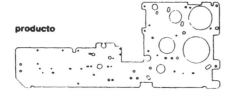

producto

Después de mejora:

   Una muestra de producto apropiadamente procesada se emplea como patrón para determinar si se ha omitido algún orificio. El trabajador coloca el patrón encima del producto terminado y desliza una lámpara encendida por debajo de todas las partes del producto. Es posible identificar los productos defectuosos de una ojeada, y se han eliminado completamente los defectos de verificación.

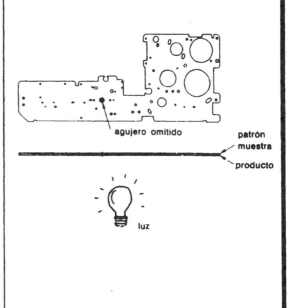

agujero omitido

patrón muestra
producto

luz

● *Ejemplo 184*

Proceso: Taladro

Problema: Taladro omitido después de
cambiar el modelo

Solución: Mejorar plantilla en proceso próximo para detectar omisiones

Mejora clave: Plantilla modificada para detectar piezas defectuosas

Prevención error: X

Detección error: X

Parada;

Control: X

Alarma:

Descripción del proceso: Dos modelos utilizaban piezas similares, pero en un modelo la pieza tenía orificios, y en el otro modelo no los tenía. En un modelo, la pieza pasaba por los procesos de mecanizado, taladrado y prensa, y la otra pieza se mecanizaba y prensaba, pero no se taladraba.

Antes de mejora:

Como consecuencia de malentendidos o confusión, el operador omitía a veces el proceso de taladrado en la pieza que lo requería.

pieza que requiere
taladrados

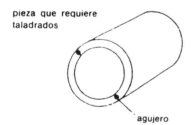

agujero

pieza defectuosa

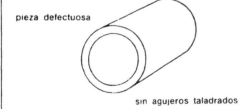

sin agujeros taladrados

Después de mejora:

Como la plantilla de la prensa se cambia para cada modelo, se han instalado **vástagos detectores** en la plantilla de la prensa para la pieza que requiere taladrado. Es imposible montar en la prensa piezas que deban estar taladradas y no lo estén, y se han eliminado completamente las piezas defectuosas.

pieza que requiere taladrado

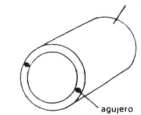

agujero

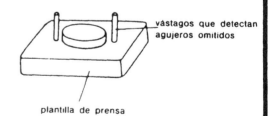

vástagos que detectan
agujeros omitidos

plantilla de prensa

● *Ejemplo 185*

Proceso: Roscado

Problema: Omisión roscado

Solución: Contar número de roscados realizados

Mejora clave: Util modificado para garantizar proceso correcto

Prevención error: X

Detección error:

Parada:

Control: X

Alarma:

Descripción del proceso: En un proceso en el que se manufacturaban piezas para varios modelos diferentes, alrededor de diez orificios se roscaban en cada pieza de trabajo, utilizando una roscadora de un solo árbol.

Antes de mejora:

Los operadores verificaban las posiciones y número de orificios conforme trabajaban. Sin embargo, este control descansaba estrictamente en la vigilancia de los trabajadores y el roscado se omitía a veces.

Después de mejora:

Se ha incorporado un contador a la máquina de roscar. El operador vuelve a poner a cero el contador para cada pieza de trabajo y verifica que el número de roscados que figura al terminar con cada pieza es el correcto para el modelo actual. Aunque esto implica solamente un método de ayuda a la vigilancia del trabajador, ha eliminado casi completamente las omisiones de roscado.

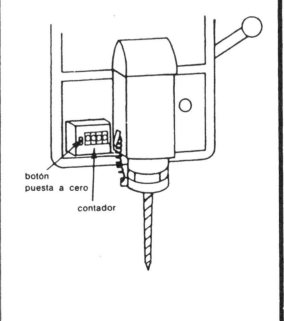

botón
puesta a cero

contador

● *Ejemplo 186*

Proceso: Trabajo con prensa

Problema: Omisión trabajo en prensa

Solución: Canal descarga piezas no admite piezas no procesadas

Mejora clave: Canal modificado para retirar piezas defectuosas

Prevención error:

Detección error: X

Parada:

Control: X

Alarma:

Descripción del proceso: La parte insertable de una pieza es estampada para crear la forma acabada.

Antes de mejora:

El operador, que permanecía enfrente de la prensa, alimentaba las piezas para proceso por la izquierda y colocaba las piezas acabadas en un cajón en la derecha. Como consecuencia de confusiones al ordenar las piezas, o cuando el operador interrumpía la tarea por descanso o cosas análogas, el estampado se omitía a veces y las piezas no procesadas se mezclaban con las terminadas sobre la mesa. Las piezas defectuosas a menudo no se descubrían hasta la inspección final anterior a la entrega.

pieza acabada

sección insertada

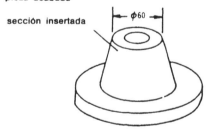

pieza no procesada

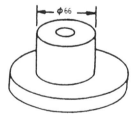

Después de mejora:

Se ha diseñado una canaleta para descargar las piezas acabadas en una caja de entregas. La sección insertable de una pieza correctamente procesada ajusta en el canal y la pieza se desliza hasta la caja, pero las piezas no procesadas no encajan. Como consecuencia de que el operador puede detectar fácilmente la omisión del proceso, se han eliminado completamente los fallos de estampación de piezas.

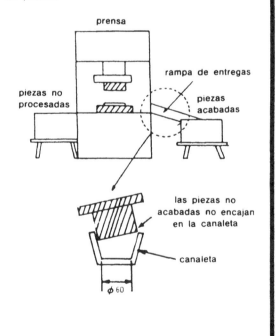

Errores de medición

● *Ejemplo 187*

Proceso: Embalaje de artículos acabados en contenedores de entrega
Problema: Contenedores no llenos

Prevención error:
Detección error: X

Parada:
Control:

Solución: Los contenedores son pesados y después empaquetados

Alarma: X

Mejora clave: Operación conectada a valor crítico de cantidad física

---

Descripción del proceso: Accesorios acabados se embalaban en contenedores para entrega a clientes.

Antes de mejora:

A veces los trabajadores no advertían las holguras entre los accesorios en los contenedores y colocaban un número inadecuadamente corto de los mismos. No era posible detectar dicha omisión.

Después de mejora:

Los contenedores se llenan colocados en una balanza. Si hay demasiados pocos accesorios en una caja, no pesará lo suficiente, y la omisión se detecta.

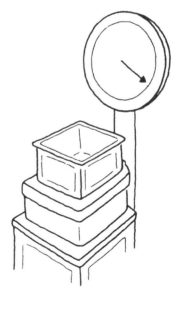

● *Ejemplo 188*

Proceso: Pesaje de cajas de piezas acabadas   **Prevención error:** X   **Parada:**

Proceso: Pesaje omitido   **Detección error:**   **Control:** X

Solución: Caja retirable solamente si el pesaje es suficiente   **Alarma:**

Mejora clave: Operación conectada a valor crítico de cantidad física

Descripción del proceso: Las piezas acabadas se embalan en cajas para entrega a los clientes. Las cajas se embalaban sobre una balanza, de forma que los trabajadores podían determinar si se había embalado el número apropiado de piezas.

Antes de mejora:

Los trabajadores verificaban el peso de la caja contra una marca que señalaba el peso apropiado en la balanza. A veces, los trabajadores olvidaban la verificación, y se entregaba al cliente una caja incorrectamente preparada.

Después de mejora:

Se ha montado en la base de la balanza una placa interferente y un conmutador de proximidad sobre el dial. La placa de interferencia impide que la caja pueda retirarse de la balanza hasta que el conmutador de proximidad detecta el peso apropiado.

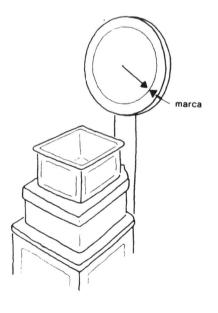

marca

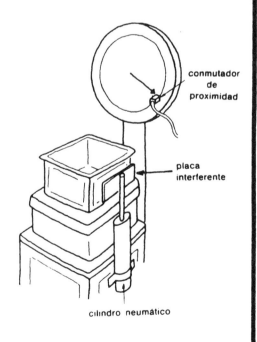

conmutador de proximidad

placa interferente

cilindro neumático

● *Ejemplo 189*

Proceso: Embalado

Problema: Número erróneo de piezas emba-
laladas
Solución: Cuenta mecánica

Prevención error: X

Detección error:

Parada:

Control: X

Mejora clave: Util modificado para garantizar proceso correcto

Descripción del proceso: Las arandelas se empaquetaban en cajas para entrega ensartando veinticinco a la vez en vástagos, y entonces empaquetando cuatro vástagos en cada caja, resultando 100 arandelas por caja.

Antes de mejora:

A veces los vástagos tenían veinticuatro o veintiséis arandelas ensartadas, y las cajas se enviaban con un número erróneo de arandelas. En adición, los vástagos eran difíciles de manejar cuando estaban cargados con las arandelas.

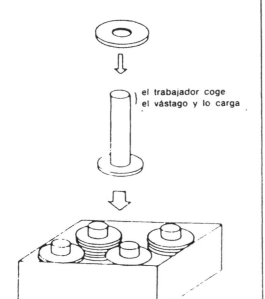

el trabajador coge el vástago y lo carga

Después de mejora:

Se han hecho marcas en los vástagos al nivel de la arandela número veinticinco, de forma que puede detectarse si faltan arandelas. Los vástagos se han taladrado de forma que puede insertarse una espiga de soporte manejada con una empuñadura. Si hay veintiséis arandelas, el orificio taladrado queda bloqueado. La espiga soporte evita, por tanto, recuentos en exceso y hace más fácil manejar los vástagos cargados de arandelas.

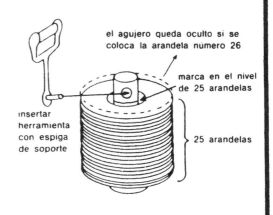

el agujero queda oculto si se coloca la arandela número 26

marca en el nivel de 25 arandelas

insertar herramienta con espiga de soporte

25 arandelas

• *Ejemplo 190*

Proceso: Embalado de piezas para entrega a procesos siguientes
Problema: Errores en número de piezas embaladas/errores en las piezas
Solución: Estante automatizado de piezas

Prevención error: X
Detección error:

Parada:
Control: X
Alarma:

Mejora clave: Selección automatizada de piezas

Descripción del proceso: En un depósito de suministros para diferentes procesos, se embalaban diversas piezas para entrega a procesos. Cada proceso requería un número específico de piezas diferentes.

Antes de mejora:

Para cada proceso, el trabajador consultaba una hoja de instrucción que indicaba número y tipo de piezas a embalar para ese proceso. El trabajador tomaba las piezas de sus depósitos una a una y las colocaba en cajas. A veces las piezas se contaban incorrectamente o se tomaban piezas erróneas inadvertidamente.

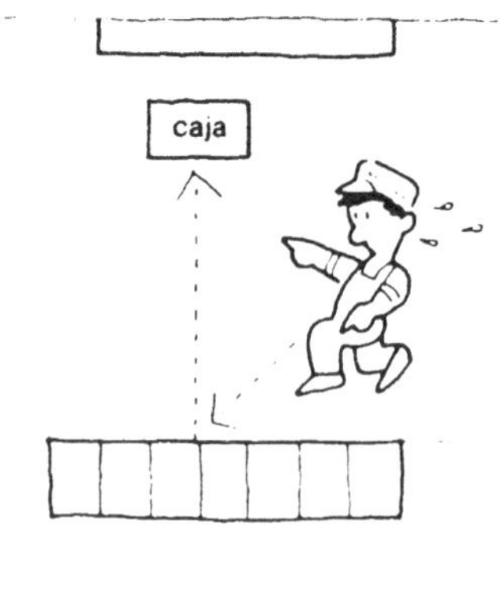

Después de mejora:

Se han definido dos objetivos: (1) las piezas y cantidades necesarias deben indicarse mecánicamente, y (2) debe haber un chequeo sobre la corrección del número de piezas embalado.

Se ha instalado un estante de piezas "activo" para alcanzar estos objetivos. El trabajador inserta una tarjeta de instrucciones para un proceso dado en un lector de tarjetas del estante. Se enciende una luz sobre la caja de la primera pieza especificada. Cuando el trabajador ha retirado el número correcto de piezas, suena una sirena y se enciende una luz en la caja de la próxima pieza. El trabajador repite este procedimiento para cada proceso.

Este nuevo procedimiento ha eliminado completamente la entrega de piezas erróneas o el número equivocado de las mismas y también ha duplicado la velocidad del trabajo.

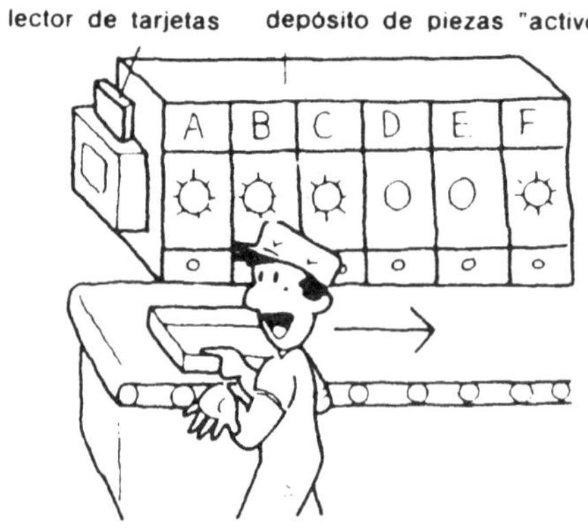

● *Ejemplo 191*

Proceso: Medida del producto por peso   **Prevención error**: X   **Parada**:

Problema: Errores de peso   **Detección error**:   **Control**:

Solución: Detector fotoeléctrico de las condiciones apropiadas de peso   **Alarma**: X

Mejora clave: Util modificado para garantizar proceso correcto

Descripción del proceso: Los trabajadores llenan bidones con una solución de pigmento colocando los bidones en una balanza y virtiendo el producto sobre el bidón hasta alcanzar el peso apropiado.

Antes de mejora:

Los trabajadores observaban la escala de la balanza para determinar cuándo estaba lleno el bidón. Después de llenar varios cientos de bidones, los trabajadores estaban cansados, resultando errores de pesaje que hacían el trabajo menos eficiente.

Después de mejora:

Se ha instalado un detector fotoeléctrico para monitorizar el movimiento de la escala, activando una sirena cuando la escala alcanza el peso correcto. Se requiere mucha menos vigilancia, con el resultado de una fatiga menor. Los errores de peso se han reducido sustancialmente, y se ha mejorado la eficiencia operativa (por bidón).

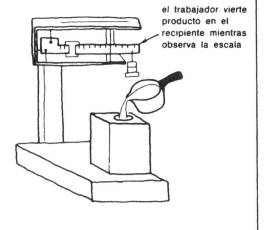

el trabajador vierte producto en el recipiente mientras observa la escala

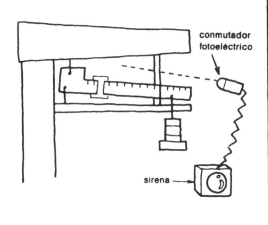

conmutador fotoeléctrico

sirena

● *Ejemplo 192*

Proceso: Empaquetado automático de cajas

Problema: Detectadas cajas no llenas

Solución: Separar cajas vacías fuera de la cinta transportadora.

Mejora clave: Procedimiento modificado para detectar partes defectuosas.

Prevención error:

Detección error: X

Parada:

Control: X

Alarma:

Descripción del proceso: Las cajas se llenaban y cerraban automáticamente en una cinta transportadora.

Antes de mejora:

A veces las cajas no se llenaban por algún error en la maquinaria, pero de todos modos se cerraban y seguían circulando por el transportador.

caja cerrada —
¿está llena o vacía?

Después de mejora:

Como las cajas vacías son ligeras, se deslizan fuera del transportador con aire comprimido dirigido sobre todas las cajas desde un lateral.

molinillo que indica el flujo de aire

flujo de aire comprimido

Errores dimensionales

● *Ejemplo 193*

Proceso: Corte de rollos de hilo en longitud   **Prevención error**: X   **Parada**:

Problema: Longitudes incorrectas   **Detección error**:   **Control**: X

Solución: Asegurar que la longitud se mide correctamente.   **Alarma**:

Mejora clave: Util modificado para garantizar proceso correcto

Descripción error: Se cortaban rollos de hilo en longitud en una plantilla de corte.

Antes de mejora:

No había problemas cuando se cortaban longitudes cortas del hilo, pero cuando se cortaban longitudes largas, aparecían diferencias de longitud, y ocurrían problemas en los procesos siguientes.

Después de mejora:

Las variaciones en la longitud estaban causadas por la curvatura del cable o por una posición no rectilínea en la plantilla de corte. Se ha construido una plantilla vertical que endereza el cable antes del corte. Esta simple guía ha eliminado completamente las variaciones de longitud.

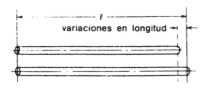

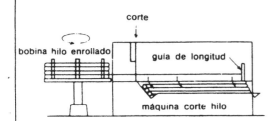

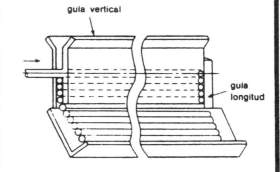

● *Ejemplo 194*

Proceso: Mecanizado de tapas rodantes   **Prevención error:**   **Parada:**

Problema: Dimensiones incorrectas   **Detección error:** X   **Control:** X

Solución: Detección mecánica de errores de mecanizado   **Alarma:**

Mejora clave. Canal modificado para detectar piezas defectuosas

Descripción del proceso: Se mecanizaban estribos en tapas rodantes de bronce para bobinas, hasta la forma mostrada en el dibujo. Como consecuencia de posibles variaciones en el mecanismo, era necesario chequear las dimensiones de acabado de cada estribo cuando estaba terminado.

Antes de mejora:

Las dimensiones de las tapas se chequeaban manualmente con calibres.

Después de mejora:

Se ha instalado un canal inclinado con una guía, y las tapas completadas se ruedan a lo largo de la guía. Placas interferentes montadas sobre la guía detectan las irregularidades de dimensión en los estribos mecanizados.

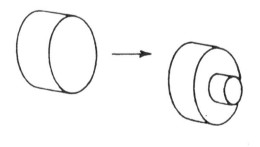

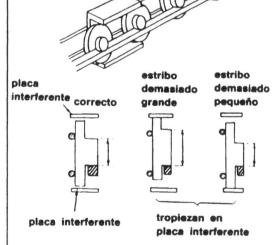

placa interferente   correcto   estribo demasiado grande   estribo demasiado pequeño

placa interferente   tropiezan en placa interferente

● *Ejemplo 195*

Proceso: Cosido de ojales para botones en trajes de hombre

Prevención error: X

Parada:

Problema: Posiciones incorrectas de los ojales

Detección error:

Control: X

Solución: Sustituir calibre por regla

Mejora clave. Plantilla utilizada para garantizar posicionamiento correcto

Descripción del proceso: El espacio entre ojales para botones en trajes de hombre varía, dependiendo del tamaño.

Antes de mejora:

Se empleaba una regla para medir la posición apropiada de los ojales para botones, y las posiciones se marcaban con tiza. Ocurrían errores porque los trabajadores accidentalmente leían mal la regla o medían para un tamaño inadecuado.

Después de mejora:

Un calibre combinado incluye marcas específicas para los tamaños 3, 4, 5 y 6. Este calibre se alinea como se muestra en el dibujo marcando los ojales para un traje. Se han eliminado los errores de medida.

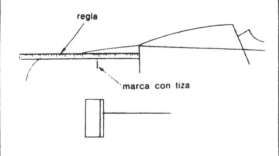

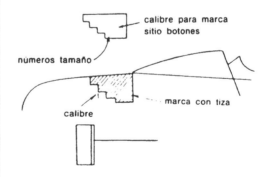

● *Ejemplo 196*

Proceso: Corte de tubería

Prevención error: X

Parada: X

Problema: Tubos cortados demasiado cortos

Detección error:

Control:

Solución: Evitar corte hasta que los tubos estén apropiadamente posicionados

Alarma: X

Mejora clave: Util modificado para garantizar proceso correcto

Descripción del proceso: Algunos tubos se colocaban en una plantilla contra una guía de longitud al mismo tiempo. Los trabajadores ajustaban la guía de longitud para las diferentes longitudes de tubos requeridas.

Antes de mejora:

Los trabajadores algunas veces cortaban los tubos sin posicionarlos en contacto con la guía de longitud, y los tubos se cortaban demasiado cortos. Estos tubos no podían usarse y tenían que desecharse.

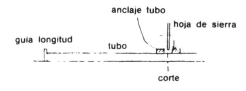

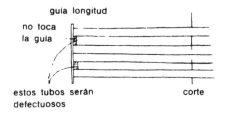

Después de mejora:

Se ha modificado la guía de longitud incorporando conmutadores de límite que son sensibles a la posición correcta de los tubos, y se ha conectado un circuito interruptor al circuito de la herramienta de corte. Los conmutadores de límite pueden desconectarse del circuito interruptor en un panel de control, de forma que el número de tubos a cortar a la vez puede variar. Si alguno de los conmutadores de límite conectados no se activa, se enciende una luz roja y la herramienta de corte no opera. Es imposible cortar tubos si no están posicionados correctamente.

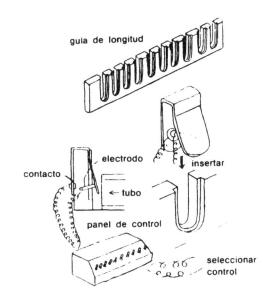

● *Ejemplo 197*

Proceso: Corte de tubo flexible   **Prevención error:** X   **Parada:**

Problema: Corte de tubos demasiado largos   **Detección error:**   **Control:** X

Solución: Asegurar que el tubo se mantiene estrictamente tirante

Mejora clave: Plantilla modificada para garantizar posicionamiento correcto

---

Descripción del proceso: En un pequeño taller donde no hay mucho espacio de trabajo, un accesorio de soporte se une al extremo de tubo flexible que entonces se empuja a través de una serie de guías y se corta para una longitud fijada.

Antes de mejora:

   Como las guías tenían un acanalado amplio, el tubo no se mantenía siempre recto sobre las mismas, y como resultado a veces se cortaba demasiado largo.

Después de mejora:

   Las guías se han modificado dándolas un perfil cónico con la base pequeña en el fondo. Cuando el tubo se empuja contra las guías, invariablemente se desliza hacia abajo de las guías hasta las posiciones correctas, asegurando que el tubo se corta en la longitud requerida.

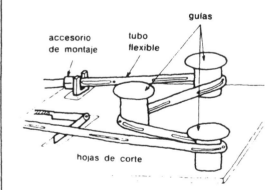

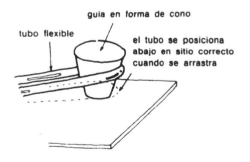

Omisión de operaciones

● *Ejemplo 198*

Proceso: Temple por inducción   **Prevención error:** X   **Parada:** X

Problema: No suministro de agua fría   **Detección error:**   **Control:**

Solución: Interconectar circuito de calor con suministro de agua fría   **Alarma:**

Mejora clave. Util modificado para protegerlo de daños

Descripción del proceso: Se pasa agua fría a través del serpentín de calentamiento para evitar el recalentado del mismo en un proceso de temple por inducción. El agua fría se suministra a través de un grifo manejado por el operador.

Antes de mejora:

A veces el operador olvidaba abrir el grifo del agua fría antes de activar el circuito de calentamiento. Esto originaba daños por el calor en el serpentín y conducía a accidentes.

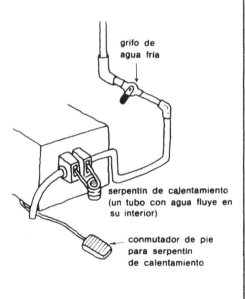

grifo de agua fría

serpentín de calentamiento (un tubo con agua fluye en su interior)

conmutador de pie para serpentín de calentamiento

Después de mejora:

Se ha montado un conmutador de límite en el grifo. Si el grifo no se abre, el circuito de calor no puede activarse.

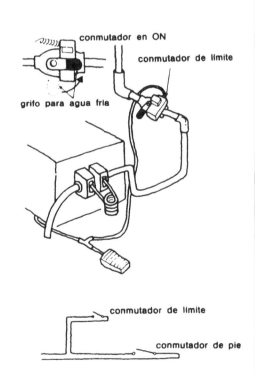

conmutador en ON

conmutador de límite

grifo para agua fría

conmutador de límite

conmutador de pie

● *Ejemplo 199*

Proceso: Fabricación de pigmentos   **Prevención error:** X   **Parada:**

Problema: Solventes no precalentados   **Dirección error:**   **Control:** X

Solución: Operación automática de calentamiento de solvente   **Alarma:**

Mejora clave: Util modificado para garantizar proceso correcto

Descripción del proceso: En una fábrica de pigmentos, algunos de los disolventes deben calentarse y disolverse antes de que los trabajadores comiencen su trabajo en la mañana. Las calderas deben funcionar dos o tres horas antes del comienzo del resto del trabajo.

Antes de mejora:

Los trabajadores hacían turno para llegar al trabajo con anticipación a poner en marcha las calderas. Sin embargo, algunas veces el trabajador al que le tocaba el turno lo olvidaba y los demás trabajadores tenían que estar esperando el comienzo de la jornada con ruptura del programa global de operaciones.

Después de mejora:

Se han montado calentadores eléctricos en cada uno de los tanques de agua utilizados para disolver los disolventes. Los calentadores están equipados con circuitos temporizadores manipulados para activarse con varias horas de anticipación en cada jornada, de forma que los disolventes estén preparados al comienzo de cada día. Esto ha eliminado la necesidad de que un trabajador llegue con anticipación, así como el problema de los olvidos.

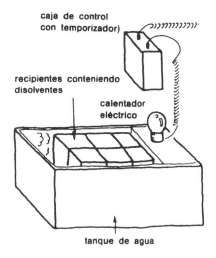

caja de control
con temporizador)

recipientes conteniendo
disolventes

calentador
eléctrico

tanque de agua

● *Ejemplo 200*

Proceso: Máquina de adherencia por calor

Problema: No cerrar el circuito de calor

Solución: El circuito de calor se cierra automáticamente al completar el proceso
Mejora clave: Util modificado para protegerlo de daños

Prevención error: X

Detección error:

Parada: X

Control:

Alarma:

Descripción del proceso: En una máquina que adhiere por calor se adherían dos piezas de test. Las dos piezas de test se prensaban por la parte superior y después se calentaban. Después de adheridas, el cabezal de presión se eleva y el circuito de calor se desactiva.

Antes de mejora:

Algunas máquinas eran empleadas por diferentes personas y no tenían operadores particulares asignados en exclusiva. Los circuitos de estas máquinas a veces no se cerraban. El fallo en cerrar las fuentes de calor es un riesgo de fuego particularmente serio. Tales errores deben evitarse absolutamente.

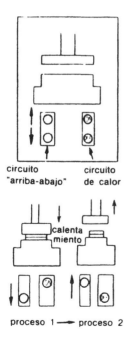

Después de mejora:

Se ha montado un saliente en la corredera del cabezal superior. Cuando el cabezal hace todo el recorrido, el saliente tropieza un conmutador de límite, cerrando el circuito de calor. Se han evitado los fallos de cierre del circuito de calor.

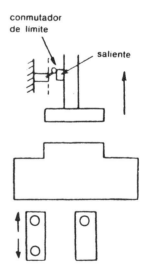

● *Ejemplo 201*

Proceso: Línea de proceso conformada en U   **Prevención error:** X   **Parada:** X

Problema: Omisión operación máquina   **Detección error:**   **Control:**

Solución: Interconectar las máquinas de forma que un proceso no pueda   **Alarma:**
comenzar si no ha comenzado otro anteriormente.

Mejora clave: Plantilla modificada para garantizar proceso correcto.

Descripción del proceso: Un trabajador manejaba un cierto número de máquinas dispuestas en una línea en forma de U. Después de montar una pieza de trabajo en la plantilla de una máquina y arrancar el proceso, se mueve a la próxima operación, la monta y la arranca.

Antes de mejora:

El trabajador a veces olvidaba arrancar una operación después de montar una pieza en la plantilla. Resultaban retrasos o procesos omitidos.

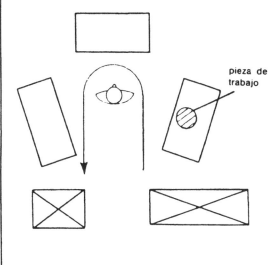

pieza de trabajo

Después de mejora:

Se han montado conmutadores de límite en las plantillas de forma que puedan interconectarse los circuitos de energía de cada máquina. Es ahora imposible activar el circuito de una máquina hasta que no se ha pulsado el botón de arranque de la máquina anterior.

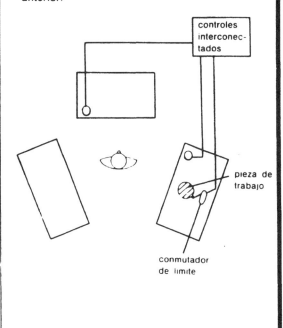

controles interconectados

pieza de trabajo

conmutador de límite

Errores de operación

● *Ejemplo 202*

Proceso: Mecanizado en torno

Prevención error: X

Parada: X

Problema: Llave del plato de mordazas no retirada antes de operación del torno

Detección error:

Control:

Solución: Interconectar circuito de energía del torno con estante almacenaje llave de plato

Alarma:

Mejora de clave: Util modificado para proteger de daño al operador

---

Descripción del proceso: Los trabajadores sujetaban las piezas de trabajo en un plato de mordazas de un torno de cilindrar. El trabajador podía dañarse si la llave del plato no se retirase del mismo antes de la operación del torno.

Antes de mejora:

Era posible comenzar a operar en el torno con la llave todavía unida al plato de mordazas.

Después de mejora:

Se ha instalado un conmutador de límite en el estante de almacenaje de la llave del plato de mordazas para detectar la presencia de dicha llave. El conmutador de límite está conectado con el circuito de energía del torno, de forma que éste no puede comenzar si la llave no se ha devuelto a su soporte. Adicionalmente, una luz roja se enciende cuando la llave está fuera de su soporte de almacenaje.

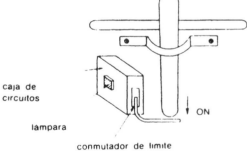

caja de circuitos

lámpara

conmutador de límite

ON

● *Ejemplo 203*

Proceso: Inspección de grúa

Problema: La grúa podía operarse mientras el inspector estaba en la misma

Solución: Interconectar escalera de la grúa con circuito de operación

Mejora clave: Util modificado para proteger de daño al operador

Prevención error: X

Detección error:

Parada: X

Control:

Alarma:

Descripción del proceso: Las grúas deben recibir inspecciones diarias, mensuales y anuales. Los inspectores trabajan en la grúa, utilizando una escalera para trepar a la estructura de la misma. Los demás trabajadores no pueden ver al inspector cuando está en la grúa.

Antes de mejora:

A veces los trabajadores arrancaban la grúa sin darse cuenta que un inspector estaba trabajando en la misma. Afortunadamente no habían resultado accidentes, pero la situación presentaba un serio riesgo en la seguridad.

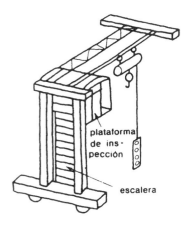

Después de mejora:

La escalera utilizada para trepar hasta la grúa tiene peldaños plegables, que normalmente están plegados de forma que nadie puede subir a la grúa. Sin embargo, cuando el inspector hace descender los peldaños, se activa un conmutador de límite conectado con los controles de la grúa, evitando la operación de la grúa y asegurando la no ocurrencia de accidentes al inspector.

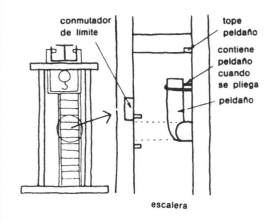

● *Ejemplo 204*

Proceso: Enjuagado de lentes

Problema: Mezclas de lentes y tarjetas de proceso después del enjuagado

Solución: Codificación de número/color de estantes de enjuague y tarjetas de proceso

Mejora clave: Procedimiento modificado para garantizar procesamiento correcto

Prevención error: X

Detección error:

Parada:

Control: X

Alarma:

Descripción del proceso: Las lentes se enjuagan por ultrasonidos colocadas en estantes. Cada lente tiene una tarjeta de proceso para identificación. Durante el enjuagado las lentes se separaban de sus tarjetas de proceso

---

Antes de mejora:

Después de colocar las lentes en los soportes de enjuague, el operador retenía sus tarjetas de proceso, colocaba los estantes en la cinta de entrada a la máquina de enjuagado y archivaba las tarjetas de trabajo en orden en el banco de trabajo en el lado de salida. Después del enjuague, las lentes se apareaban con sus propias tarjetas. Sin embargo, a veces lentes y tarjetas se emparejaban erróneamente, bien cuando se procesaban órdenes urgentes o cuando el lote se manejaba por más de un operador. Esto se producía especialmente si muchas lentes tenían la misma forma y tamaño.

Después de mejora:

Utilizando clips con placas numeradas de diferentes colores, las lentes y tarjetas de proceso pueden rastrearse a través del proceso de enjuague. Se han provisto clips para cada número, y las tarjetas y los soportes de enjuague se emparejan claramente, en orden numérico, asignando el mismo número: colocando un clip en el soporte de enjuague y otro con el mismo número en la tarjeta de proceso.

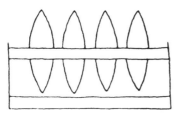

tarjeta de proceso

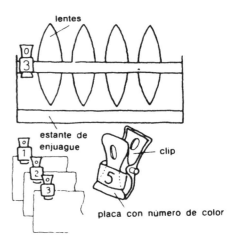

lentes

estante de enjuague

clip

placa con número de color

● *Ejemplo 205*

Proceso: Línea de moldeo automática   **Prevención error:** X   **Parada:**

Problema: No apertura de grifo de agua fría   **Detección error:**   **Control:** X

Solución: Suministro automático de agua fría   **Alarma**

Mejora clave: Util modificado para protegerlo de daño

Descripción del proceso: En una línea de moldeo automático que emplea robots, a cada operador se le asignan varias máquinas. Los útiles deben enfriarse, y la válvula para el agua fría debe abrirse tan pronto como comienza el moldeo.

Antes de mejora:

Aproximadamente después de la tercera descarga después del comienzo de la fundición, el operador tenía que abrir la válvula maestra del agua fría para el interior del molde. Cuando el operador olvidaba abrir la válvula, seguían a veces problemas. Tales como fundición adherida a los moldes o moldes deformados por el calor.

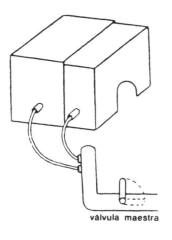

válvula maestra

Después de mejora:

Se han añadido al proceso una válvula controlada con solenoide y un contador. El contador cuenta tres descargas desde el comienzo de la fundición, y entonces indica al solenoide que abra la válvula del agua.

válvula solenoide
para suministro agua

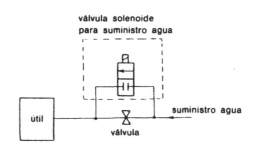

útil   suministro agua

válvula

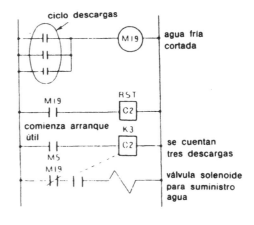

ciclo descargas   M19   agua fría cortada

M19   RST   C2

comienza arranque útil   K3   C2   se cuentan tres descargas

M5
M19   válvula solenoide para suministro agua

● *Ejemplo 206*

Proceso: Torno

Problema: Aceite de enfriamiento succionado al revés y derramado

Solución: Evitar succionamiento

Mejora clave: Util modificado para protegerlo de daño

Prevención error: X   **Parada:**

Detección error: **Control:** X

Alarma:

Descripción del proceso: Se emplea una bomba para hacer circular aceite de enfriamiento desde una reserva situada debajo de un torno de control numérico y volverlo al tanque de aceite

Antes de mejora:

Después de que el torno y la bomba se parasen, se producía una acción de sifonamiento entre el tubo de descarga en el tanque de aceite y la reserva del torno. El aceite fluía hacia atrás en dirección errónea y se derramaba en el suelo.

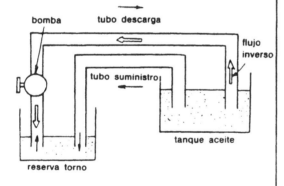

Después de mejora:

Se ha acortado el tubo de descarga de forma que la succión y el correspondiente sifonamiento no puede suceder nunca. Se han eliminado el flujo a la inversa y el derrame.

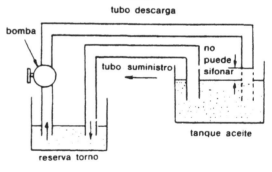

Errores de pegado/etiquetado

● *Ejemplo 207*

Proceso: Pegado de etiquetas en piezas moldeadas

Problema: Etiquetas pegadas cambiando abajo-arriba o al revés

Solución: Modificar el perfil de la etiqueta y la muesca en la que ajuste en la pieza moldeada

Mejora clave: Pieza modificada para garantizar posicionamiento correcto

Prevención error: X

Detección error:

Parada:

Control: X

Alarma:

Descripción del proceso: Etiquetas de características se pegaban en una muesca de un chasis moldeado.

Antes de mejora:

La muesca y la etiqueta tenían ambas una forma rectangular, y las etiquetas podían pegarse cambiando las partes arriba-abajo o al revés.

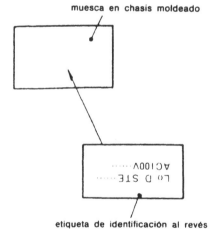

muesca en chasis moldeado

etiqueta de identificación al revés

Después de mejora:

Se ha cortado un pico en una esquina de la etiqueta, y se ha hecho la ranura correspondiente en la muesca del chasis. La etiqueta puede montarse solamente con la orientación correcta, eliminando completamente el pegado incorrecto.

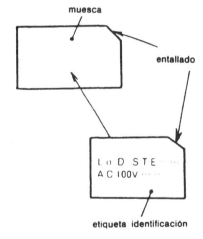

muesca

entallado

etiqueta identificación

● *Ejemplo 208*

Proceso: Adhesión de etiquetas impresas a cassettes de cintas

Prevención error: X

Parada:

Problema: Etiquetas fijadas invertidas

Detección error:

Control: X

Solución: Cambio de la forma de la etiqueta y de la del área de adhesión

Alarma:

Mejora clave: Pieza modificada para garantizar posicionamiento correcto

---

Descripción del proceso: Se adherían etiquetas indicadoras de las funciones de los botones de mando en cassettes de cintas.

Antes de mejora:

La etiqueta era rectangular y podía fácilmente adherirse en posición invertida.

REC ▶▶ ▶ ◀ ◀◀ STOP PAUSE

Después de mejora:

Se ha modificado la forma de la etiqueta y la del área en la que se adhiere, de forma que ahora la etiqueta no puede adherirse cambiando las posiciones arriba y abajo. Los defectos se han eliminado completamente.

REC ◀◀ ▶ ▶▶ STOP PAUSE

● *Ejemplo 209*

Proceso: Etiquetado y estampado de productos en pequeños lotes

Problema: Insuficientes tiempos de preparación conducen a errores de calidad en el etiquetado y estampación

Solución: Variar velocidad transportador de forma que el operador pueda asegurar la calidad

Mejora clave: Util modificado para garantizar proceso correcto

Prevención error: X

Detección error:

Parada:

Control: X

Alarma:

Descripción del proceso: La línea de fabricación ha cambiado de ser una instalación para la producción en masa donde las piezas empaquetadas se marcaban con etiquetas, a la producción en pequeños lotes fundamentalmente, donde los paquetes pueden marcarse bien con etiquetas o estampados. Un trabajador prepara y opera tanto la máquina de etiquetado como la estación de estampación con caucho.

Antes de mejora:

No ocurrían problemas en el pasado cuando la línea se utilizaba para la producción en masa y solamente se empleaban etiquetas. Conforme se ha incrementado la producción en pequeños lotes, los errores han empezado a ocurrir en lugares inesperados. Como las piezas empaquetadas podían marcarse bien por etiqueta o estampación, se han incrementado las operaciones de preparación de máquinas. Esto ha conducido a errores tales como estampaciones débilmente tintadas, etiquetas mal alineadas y etiquetas con adhesivo insuficiente. Se requería tiempo y esfuerzos para resolver estos errores.

Después de mejora:

La investigación ha mostrado que los problemas estaban causados porque las cajas empaquetadas se marcaban en un transportador movido a velocidad constante, que no concedía suficiente tiempo para preparar las máquinas. Se ha determinado que los errores de etiquetado y estampación pueden eliminarse si la velocidad a la que las cajas se alimentan al proceso de marcado puede variarse. Un transportador corto con controles de variación de la velocidad se ha instalado entre el canal de descarga y la máquina de etiquetado. El operador puede hacer chequeos visuales del proceso hasta asegurar que los tampones están entintados lo suficiente o las etiquetas engomadas y en posición correcta. Se han eliminado los errores de etiquetado y marcado.

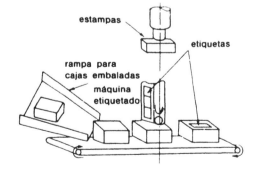

estampas

etiquetas

rampa para
cajas embaladas

máquina
etiquetado

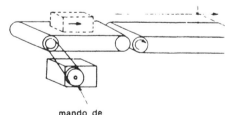

posición etiquetado
(posición estampa caucho)

mando de
velocida variable

● *Ejemplo 210*

Proceso: Pegado de placas de información   **Prevención error:**   **Parada:**

Problema: Omisión de las placas   **Detección error:** X   **Control:**

Solución: Detectar placas omitidas con conmutador fotoeléctrico   **Alarma:** X

Mejora clave. Util modificado para detectar piezas defectuosas

Descripción del proceso: Se pega una placa de información en cada producto

Antes de mejora:

A veces los trabajadores olvidaban adherir las placas de información debido a errores de comunicación o interrupciones en la operación.

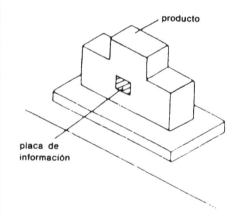

Después de mejora:

Se ha instalado un detector fotoeléctrico para detectar la placa reflejante en el producto. Si la placa no está instalada, se enciende una luz y suena un timbre. Esto ha eliminado las omisiones de placas de información.

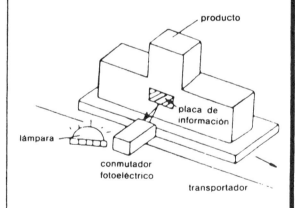

Errores de Inspección

● *Ejemplo 211*

Proceso: Desbarbado de pequeñas piezas de metal en una prensa cortadora

Problema: Imprecisiones del detector magnético

Solución: Estandarizar el paso del metal a través del detector magnético

Mejora clave: Util modificado para garantizar proceso correto

Prevención error:X

Detección error:

Parada:

Control: X

Alarma:

Descripción del proceso: Pequeñas piezas de metal eran desbarbadas en una prensa cortadora. Después del corte, la pieza se expide del útil y atraviesa un detector magnético. Si el detector confirma que la pieza está fuera del útil, la prensa se recarga y el proceso comienza de nuevo.

Antes de mejora:

La sensibilidad del detector magnético varía entre la sección central y los bordes externos. Para las piezas pequeñas y finas, el detector no puede ajustarse para detectar las piezas que pasan a través de la sección central de igual modo que las piezas que pasan cerca de los bordes externos. Si los bordes externos se ajustan apropiadamente, las piezas que pasan por la sección central no son detectadas; si la sección central se ajusta apropiadamente, se hacen detecciones espúreas por los bordes externos. En cualquiera de los casos, las operaciones continúan y pueden producirse piezas desbarbadas imperfectamente.

Un problema adicional era que el aire utilizado para expulsar las piezas resultaba turbolento en la zona del detector, y a veces producía errores de detección.

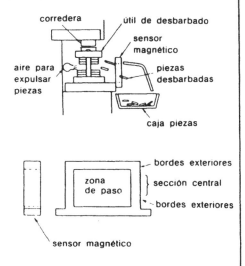

Después de mejora:

Se han mejorado las guías de las piezas hasta el sensor magnético, de forma que cuando se procesan piezas pequeñas solamente se utiliza el borde externo inferior del detector. El detector puede ahora ajustarse para evitar las detecciones espúreas. Se emplea plástico, no sensible al magnetismo, en la nueva guía para evitar errores de detección. Adicionalmente, la guía de salida tiene muchos orificios pequeños para mejorar el flujo del aire a través del detector. Estos pequeños orificios están conformados para que las piezas no puedan engancharse.

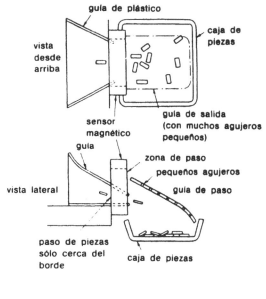

● Ejemplo 212

Proceso: Conformado en prensa de remaches a partir de cable bobinado

Problema: Vetas en remaches acabados

Solución: Mejorar inspección materiales recibidos

Mejora clave: Añadido procedimiento para detectar errores

Prevención error: X

Detección error:

Parada:

Control: X

Alarma:

Descripción del proceso: Los remaches se conforman por prensa partiendo de cable bobinado

Antes de mejora:

Numerosos remaches resultaban con grietas, lo que les convertía en inutilizables. Seleccionar los remaches visualmente después del conformado no resolvía el problema, y algunas piezas defectuosas siempre pasaban inadvertidas.

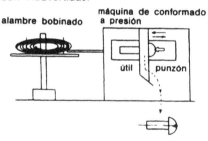

alambre bobinado

máquina de conformado a presión

útil punzón

lingote (300 kg. o más)

alambre bobinado

puntos típicos en los que aparecían fisuras

en superficie cabeza

en base superficie cabeza

en la espiga

Después de mejora:

La causa de las grietas estaba determinada por rendijas en los lingotes utilizados como materia prima para el cable bobinado. Estas grietas no se retiraban del todo antes de que los lingotes se laminasen y estirasen, lo que a su vez provocaba grietas en el cable bobinado.

Para mejorar esta situación, se han elevado los estándares de aceptación del cable bobinado. Los defectos se han eliminado completamente por una realización plena de los procedimientos de inspección, que no toleran la aceptación de cable con fisuras. Este es un buen ejemplo de **inspección en la fuente** para eliminar las causas de los defectos.

fisuras en lingote

eliminación total de alambre con fisuras

alambre bobinado con fisuras remanentes

● *Ejemplo 213*

Proceso: Montaje de ventiladores

Prevención error:

Parada:

Problema: No detección de rotación inversa de las aletas

Detección error: X

Control:

Solución: Cambio de método de inspección

Alarma: X

Mejora clave: Procedimiento modificado para detectar piezas defectuosas

Descripción del proceso: Se montaban, verificaban y expedían ventiladores. Uno de los test consistía en verificar la dirección de la rotación de las aletas.

Antes de mejora:

La dirección de la rotación se verificaba después de instalar las aletas, chequeando la dirección del flujo de aire. Debido a errores de los inspectores, algunos ventiladores con rotación inversa se habían expedido a clientes, recibiéndose quejas.

item no defectuoso

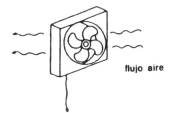

flujo aire

item defectuoso

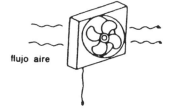

flujo aire

Después de mejora:

Antes de montar las aletas se coloca un generador contra el eje del motor del ventilador y se hace operar al motor. Si el motor gira a la inversa, la polaridad del output del generador es errónea, y se enciende una luz y suena un timbre que avisa al inspector.

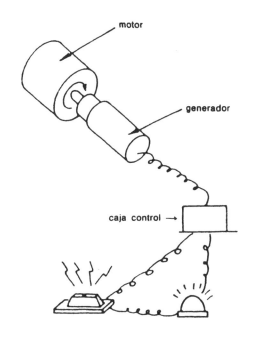

motor

generador

caja control →

Errores de cableado/contacto

● *Ejemplo 214*

Proceso: Cableado de transformadores de suministro de energía

Prevención error: X

Parada:

Problema: Errores de cableado

Detección error:

Control: X

Solución: Proveer conectores de cableado

Alarma:

Mejora clave. Pieza modificada para garantizar posicionamiento correcto

Descripción del proceso: En este proceso se cablean transformadores de suministro de energía. Son extremadamente peligrosos si se cablean incorrectamente.

Antes de mejora:

Se empleaban cables de colores para determinar la pauta correcta de cableado de los transformadores. Sin embargo, ocurrían errores de cableado y se arriesgaban la seguridad de trabajadores y producto.

Después de mejora:

Ahora se utiliza un conector direccional de tres espigas para evitar los errores de cableado. Es imposible conectar incorrectamente los cables, y se han eliminado completamente los errores en el cableado de transformadores.

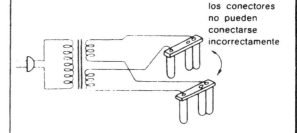

los conectores no pueden conectarse incorrectamente

● *Ejemplo 215*

Proceso: Cableado de tableros terminales   **Prevención error:** X   **Parada:**

Problema: Errores de cableado   **Detección error:**   **Control:** X

Solución: Patrón de cableado de un toque   **Alarma:**

Mejora clave: Utilizado patrón para montaje

Descripción del proceso: Se cableaban cables de diferentes tamaños y colores en un tablero terminal multipunto.

Antes de mejora:

Los trabajadores seguían un diagrama montado sobre el tablero terminal. Ocurrían defectos por causa de malentendidos, mezclas, o inadvertidamente mientras los trabajadores observaban el diagrama al cablear.

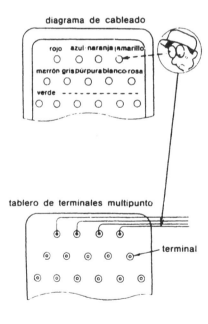

Después de mejora:

Se ha construido un patrón de cableado que se desliza entre las filas de terminales sobre el tablero. Sobre el patrón están adheridas muestras del cable correcto de cada terminal, y el trabajador puede ver de una ojeada qué terminal conectar con un cable particular.

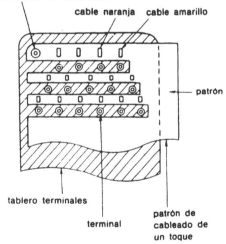

● *Ejemplo 216*

Proceso: Cableado equipo control

Problema: Errores cableado

Solución: Patrón de cableado de un toque

Mejora clave: Patrón utilizado para montaje

Prevención error: X

Detección error:

Parada:

Control: X

Alarma:

Descripción del proceso: Un tipo de equipo de control se produce en numerosos modelos y las conexiones de cables son extremadamente variadas.

Antes de mejora:

El trabajador consultaba un diagrama del cableado correcto de cada modelo, siguiendo las instrucciones para cablear el producto. Se hacían a menudo conexiones defectuosas como resultado de malentendidos, descuidos o selecciones defectuosas de los cables.

terminal número	cable tipo	color cable
1	pequeño	rojo
2	pequeño	azul
3	grande	verde
4	grande	amarillo
5	pequeño	marrón

producto

rojo azul verde

placa terminal

terminales
1 2 3

Después de mejora:

Se ha construido un conjunto de patrones que encajan en la sección de terminales del equipo de control. Muestras de los cables a utilizar están montadas en los patrones, y los cables se conectan a los terminales de acuerdo con estas muestras.

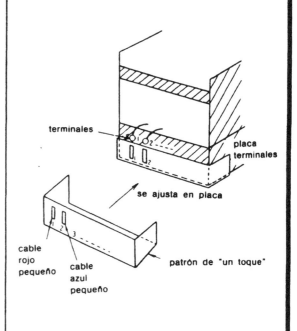

terminales

placa terminales

se ajusta en placa

cable rojo pequeño

cable azul pequeño

patrón de "un toque"

● *Ejemplo 217*

Proceso: Protección de terminales de hilos eléctricos

Problema: Peligro de cortocircuito en caso de daño por vibración

Solución: Retirar el peligro de cortocircuito

Mejora clave: Pieza modificada para protegerla de daño

Prevención error: X

Detección error:

Parada:

Control: X

Alarma:

Descripción del proceso: Los hilos terminales de bobinas de inducción se aislaban con tubo plástico protector.

Antes de mejora:

El tubo plástico descansaba sobre la caja metálica del producto. Si el tubo se dañaba por vibraciones, había el peligro de que los terminales contactasen la caja de metal y causasen cortocircuitos.

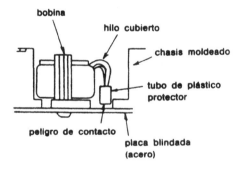

Después de mejora:

La forma del cuerpo principal moldeado en plástico se ha cambiado para proveer un nicho para el tubo de plástico. El peligro de cortocircuitos se ha eliminado completamente. El desembolso para esta mejora es el coste de remodelado del útil para el moldeo del cuerpo principal.

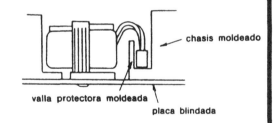

● *Ejemplo 218*

Proceso: Soldado de conectores en terminales   **Prevención error:** X   **Parada:**

Problema: Cortocircuitos   **Detección error:**   **Control:** X

Solución: Mejorar útil de montaje   **Alarma:**

Mejora clave: Util modificado para garantizar posicionamiento correcto

---

Descripción del proceso: Se sueldan conectores eléctricos a terminales. Los terminales están cerca de la caja blindada metálica de la unidad, y los conectores deben curvarse para evitar contactos con la caja.

Antes de mejora:

Los conectores se soldaban y curvaban manualmente con pinzas. Esto resultaba en una considerable variación del curvado y, a veces, el conector cortocircuitaba con la caja.

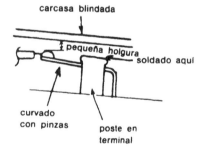

Después de mejora:

Se ha añadido una plantilla de curvado al soldador, de forma que el conector se curva en una cantidad estándar mientras se suelda al terminal. Ahora cualquiera puede soldar esta pieza correctamente. Los conectores no cortocircuitan ya contra la caja, y la eficiencia operativa se ha incrementado.

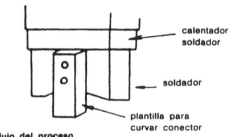

flujo del proceso

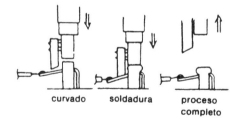

curvado   soldadura   proceso completo

Errores de pintura

● *Ejemplo 219*

Proceso: Pintura electrostática

Problema: Pérdida de presión elevada del aire

Solución: Mejorar método de vigilancia

Mejora clave. Método de vigilancia mejorado

Prevención error: X

Detección error:

Alarma: X

Parada:

Control:

Descripción del proceso: Un operador, trabajando dentro de una cabina de pintado, pinta tanques de fuel con una máquina de pintura electrostática. Para evitar defectos es importante que el operador detecte que la máquina pierde su elevada presión de aire.

Antes de mejora:

Una alarma sonaba cuando la presión descendía por debajo de cierto nivel. Sin embargo, había tanto ruido en la cabina de pintura que el operador a menudo no escuchaba la alarma y no percibía que se había perdido presión. Una lámpara de señales no podía utilizarse debido al riesgo de incendio de una bombilla en la cabina de pintura.

Después de mejora:

La señal eléctrica que indica una caída de presión ahora dispara una señal visual mecánica al operador, además de la alarma. El operador puede ver la bandera de señal cuando sale de repente y puede adoptar una acción rápida para evitar defectos.

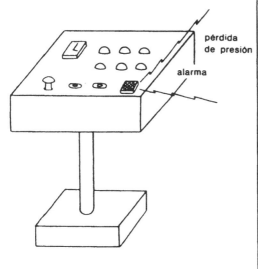

pérdida de presión

alarma

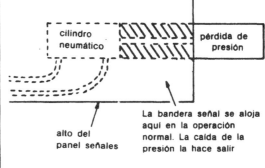

cilindro neumático

pérdida de presión

alto del panel señales

La bandera señal se aloja aquí en la operación normal. La caída de la presión la hace salir

● *Ejemplo 220*

Proceso: Pintura de accesorios   **Prevención error.** X   **Parada:**

Problema: Pintura depositada en interior de   **Detección error:**   **Control:** X
accesorios

Solución: Mejorar estante soporte

Mejora clave: Procedimiento modificado para garantizar proceso correcto

Descripción del proceso: Los accesorios se colocaban en estante soporte para pintar sus partes exteriores.

Antes de mejora:

A veces la pintura se depositaba accidentalmente en la parte interior de los accesorios donde no tenía que pintarse. Estos accesorios tenían que desecharse.

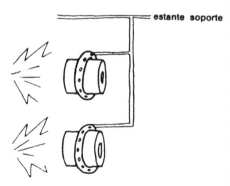

la pintura entra en el interior

Después de mejora:

Se ha diseñado un nuevo soporte que empareda el accesorio entre una placa de fondo y un tapón magnético que impiden que la pintura pueda penetrar en la parte interior.

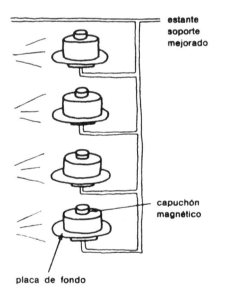

estante soporte mejorado

capuchón magnético

placa de fondo

Errores de impresión

● *Ejemplo 221*

Proceso: Impresión de escalas de sintonización para radios de automóviles

Problema: Números de frecuencia impresos al revés

Solución: Utilización de asimetría de la placa de escala

Prevención error: X

Detección error:

Parada:

Control: X

Alarma:

Mejora clave: Plantilla modificada para garantizar posicionamiento correcto

Descripción del proceso: Se imprimían las placas de las escalas de radios de automóviles con números de frecuencias.

Antes de mejora:

A veces, los números de las frecuencias se imprimían en las placas de las escalas en posición invertida. Esto se descubría solamente cuando las placas de las escalas se soldaban en el frente de las radios de automóviles.

Después de mejora:

Se ha diseñado un saliente en la plantilla utilizada en la impresión de las placas, utilizando uno de los orificios previstos para la soldadura de la placa, lo que asegura la orientación correcta durante la impresión. Se han eliminado completamente las impresiones invertidas.

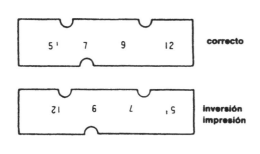

correcto

inversión impresión

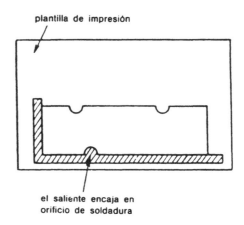

plantilla de impresión

el saliente encaja en orificio de soldadura

● *Ejemplo 222*

Proceso: Impresión   **Prevención error:** X   **Parada:**

Problema: Marcas impresas al revés o fuera   **Detección error:**   **Control:** X
de posición
Solución: Vástagos de guía en plantilla utilizan ranuras de la pieza   **Alarma:**

Mejora clave: Plantilla modificada para garantizar posicionamiento correcto

Descripción del proceso: Las piezas se imprimen con diversos números y marcas.

Antes de mejora:

Era posible colocar la pieza sobre la plantilla de impresión de varios modos, de los cuales sólo uno era el correcto. Como resultado, las marcas eran impresas al revés o fuera de posición.

Después de mejora:

Se han añadido dos vástagos de guía a la plantilla de impresión. Las marcas impresas al revés o fuera de posición se han eliminado completamente.

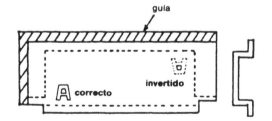

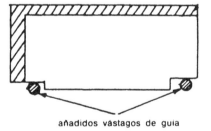

añadidos vástagos de guía

Desalineamientos

● *Ejemplo 223*

Proceso: Pespunteado de bordes de bandas   **Prevención error:** X   **Parada:**

Problema: Pespunteado no igualado   **Detección error:**   **Control:** X

Solución: Líneas de pespunteo en forro utilizado como guía

Mejora clave: Procedimiento utilizado para garantizar procesamiento correcto

Descripción del error: Bordes de bandas eran pespunteados por la parte superior a 1,0 cm. de los bordes, utilizando un indicador próximo a la aguja de la máquina de coser como guía.

Antes de mejora:

Frecuentemente se producían variaciones en la distancia entre las líneas pespunteadas, y obtener la anchura apropiada era difícil.

Después de mejora:

Se marcan líneas paralelas en una pieza de forro con la misma forma de la banda fijada a la parte de atrás de la banda con hilado desenhebrable, mediante un par de agujas paralelas montadas para el caso en la máquina de coser. El operador sigue estas líneas cuando hace el pespunteado por la parte superior, resultando un trabajo perfecto.

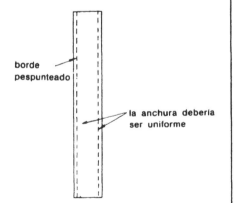

borde pespunteado

la anchura debería ser uniforme

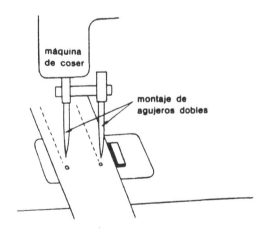

máquina de coser

montaje de agujeros dobles

● *Ejemplo 224*

Proceso: Cosido de cuellos de camisas

Problema: Inspección de pespunteado desigual

Solución: Uso de calibre en vez vez de regla

Mejora clave: Calibre usado para inspección

Prevención error:

Detección error: X

Parada:

Control: X

Alarma:

Descripción del proceso: Los cuellos de camisas se cosen semiautomáticamente desde las posiciones (1) a la (2) del dibujo. Lo más importante es que desde el punto (3) al (4) de la línea se cosa a 2,8 cm. del borde.

Antes de mejora:

Las inspecciones se hacían con una regla después del cosido, pero era fácil leer mal la escala y pasar por alto piezas defectuosas.

Después de mejora:

Se ha diseñado un calibre de forma que es fácil chequear cuándo se ha seguido la norma de cosido a 2,8 cm.

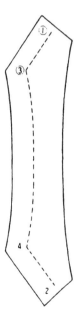

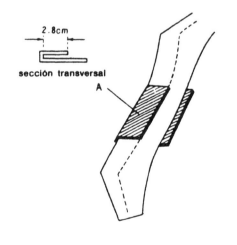

2.8cm

sección transversal

A

Errores de preparación máquinas

● *Ejemplo 225*

Proceso: Preparación de prensa de transferencia   **Prevención error:** X   **Parada:**

Problema: Dedos de la barra de alimentación   **Detección error:**   **Control:** X
insertados en ranuras erróneas
Solución: Dedos hechos no intercambiables   **Alarma:**

Mejora clave: Util modificado para garantizar posicionamiento correcto

---

Descripción del proceso: Parte del proceso de preparación de la prensa de transferencia es reemplazar los veinticuatro dedos derechos e izquierdos de la barra de alimentación siguiendo una pauta particular.

Antes de mejora:

Los casquillos en la barra de alimentación tienen todos las mismas dimensiones, y los dedos podían montarse en el orden equivocado.

Después de mejora:

Se han hecho ranuras en el extremo de montaje de los dedos izquierdos, y se han construido vástagos poka-yoke en los correspondientes casquillos de la barra de alimentación, de forma que los dedos derechos no pueden montarse aquí. Es ahora imposible montar los dedos en la posición equivocada de la barra de alimentación.

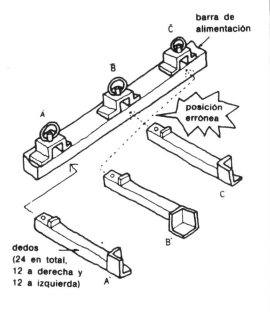

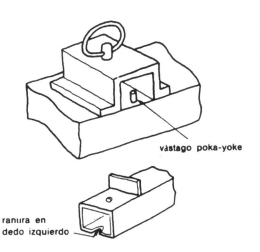

● *Ejemplo 226*

Proceso: Preparación de prensa   **Prevención error:** X   **Parada:**

Problema: Cable roto durante el cambio de útil   **Detección error:**   **Control:**   X

Solución: Evitar movimiento del útil mientras el cable está conectado   **Alarma:**

Mejora cable: Util modificado para protegerlo de daño

Descripción del proceso: Cuando se cambian los útiles en una gran prensa, el viejo útil sale de la prensa por un lado y el nuevo entra por el lado opuesto. Este mecanismo de transporte se activa con un interruptor. Cada útil está equipado con un circuito para detectar la presencia de la pieza de trabajo durante el proceso; circuitos conectados con los controles de la prensa con un cable. Este cable debe desconectarse antes de cambiar los útiles.

Antes de mejora:	**Después de mejora:**
Cuando se cambian los útiles, el trabajador debe hacer un chequeo visual del cable. El procedimiento estándar exige esto, pero a veces el cable no se retira antes de mover el útil. Esto rompe el cable o daña las conexiones terminales.	Dos terminales no usados de la caja de terminales del útil se utilizan ahora para el montaje de un interruptor. El conmutador que opera el mecanismo de transporte del útil está interconectado con este circuito de forma que el conmutador de transporte no opera mientras está conectado el cable.

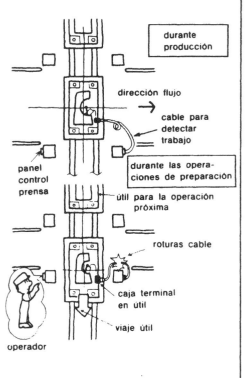

durante producción

dirección flujo

cable para detectar trabajo

durante las operaciones de preparación

panel control prensa

útil para la operación próxima

roturas cable

caja terminal en útil

viaje útil

operador

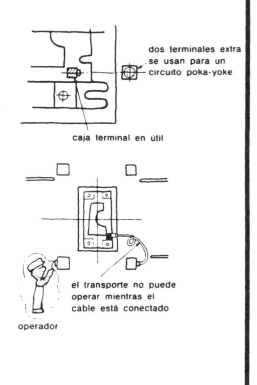

dos terminales extra se usan para un circuito poka-yoke

caja terminal en útil

el transporte no puede operar mientras el cable está conectado

operador

Errores embalaje/empaquetado

● *Ejemplo 227*

Proceso: Envoltura automática   **Prevención error:** X   **Parada:**

Problema: Roturas de papel de envolver   **Detección error:**   **Control:** X

Solución: Humidificación del papel   **Alarma:**

Mejora clave: Util modificado para garantizar proceso correcto

Descripción del proceso: Las unidades de producto se alimentan a través de una máquina automática que envuelve en papel cada una de ellas.

Antes de mejora:

Como se muestra en el dibujo, las esquinas, a veces, se rompían durante el embalaje, resultando envolturas defectuosas. Un trabajador estaba especialmente asignado a verificar la apariencia externa de cada paquete y rehacía la operación si era necesario.

Después de mejora:

Una investigación de las características del papel y de las condiciones que lo harían menos propenso a las roturas, reveló que el papel es más flexible cuando está ligeramente húmedo. Se emplea una boquilla para dispersar pequeñas cantidades de vapor, inmediatamente antes del empaquetado, para obtener una apropiada cantidad de humedad. Esto ha eliminado completamente las roturas, y ahora ningún trabajador tiene que verificar las envolturas.

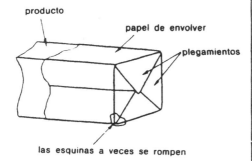

las esquinas a veces se rompen

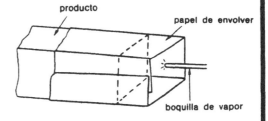

● *Ejemplo 228*

Proceso: Empaquetado de cajas de entregas

Problema. Omisión de accesorios

Solución: Contar accesorios empaquetados

Mejora clave: Selección automatizada de piezas

Prevención error: X

Detección error:

Parada:

Control: X

Alarma:

Descripción del proceso: Dos trabajadores estaban asignados a (1) montar cajas, (2) limpiar y empacar las unidades principales, y (3) empacar seis accesorios diferentes (tales como manuales de instrucciones y cordones).

Antes de mejora:

Los trabajadores olvidaban a veces algún accesorio cuando trabajaban con prisas, como en el caso de que un gran número de unidades principales acabasen de pasar la inspección.

Después de mejora:

Se ha diseñado un nuevo accesorio para el estante de aprovisionamiento, con conmutadores fotoeléctricos montados en los frentes de las cajas contenedores de los diferentes accesorios. Un conmutador se activa cada vez que el rayo de luz se corta por el paso de la mano del trabajador retirando un accesorio. Un tope impide que la caja contenedora de la pieza principal se mueva por la cinta hasta que se hayan activado los seis conmutadores. Cuando se permite pasar a la caja, ésta tropieza con un conmutador de límite que reajusta la posición de los conmutadores fotoeléctricos a su estado inicial.

accesorios

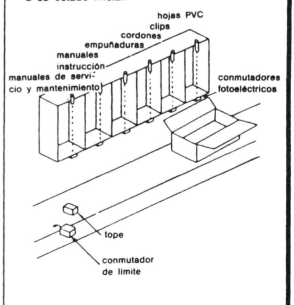

hojas PVC
clips
cordones
empuñaduras
manuales instrucción
manuales de servicio y mantenimiento
conmutadores fotoeléctricos
tope
conmutador de límite

Desajustes de plantillas y útiles

● *Ejemplo 229*

Proceso: Preparación de prensa

Prevención error: X

Parada:

Problema: Desajuste entre plantilla superior e inferior

Detección error:

Control: X

Solución: Utilizar vástagos para evitar montaje de plantillas no ajustadas

Alarma:

Mejora clave: Plantilla modificada para garantizar posicionamiento correcto

Descripción del proceso: Para algunos modelos fabricados, se cambiaban durante la preparación de la prensa las plantillas superior e inferior

Antes de mejora:

El único chequeo durante las operaciones de cambio de útiles y plantillas era el del operador. En raras ocasiones el operador colocaba la plantilla superior errónea, y operaba la prensa con el resultado de defectos.

correcto

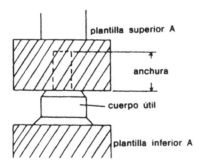

incorrecto

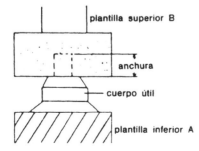

Después de mejora:

Como las plantillas superior e inferior se operaban siempre juntas como un conjunto, se instalaron diferentes guías y vástagos en cada conjunto. Si se emplea la plantilla superior incorrecta, un vástago de la plantilla inferior evita que cierre la prensa.

correcto

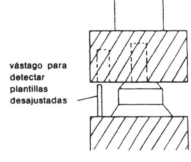

la plantilla equivocada no puede encajar

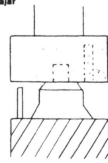

● *Ejemplo 230*

Proceso: Montaje de útiles de prensa   **Prevención error:** X   **Parada:**

Problema: Roturas de útil y conformados   **Detección error:**   **Control:** X
defectuosos

Solución: Variar vástagos de guía para evitar cerrado en posición incorrecta   **Alarma:**

Mejora clave: Util modificado para protegerlo del daño

Descripción del proceso: Se empleaban útiles en prensa para conformar pequeños componentes.

Antes de mejora:

Como los vástagos de guía para encajar los útiles superior e inferior tenían el mismo diámetro, era posible montar el útil superior con la posición invertida 180 grados respecto a la posición correcta. Errores de montaje de útiles como éste causaban conformados defectuosos o la rotura de útiles.

Después de mejora:

Se les ha dado diferentes diámetros a los vástagos de guía derecho e izquierdo, y de esta forma ahora los útiles no pueden cerrarse si la posición es incorrecta.

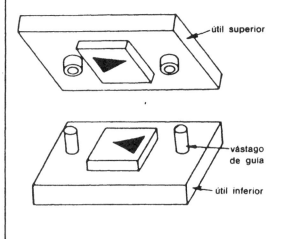

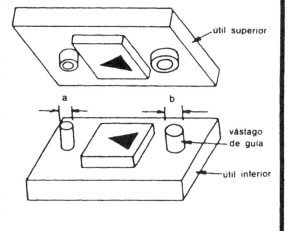

Errores lavado

● *Ejemplo 231*

Proceso: Enjuagado preliminar de piezas

Prevención error: X

Parada:

Problema: Enjuagado omitido o piezas enjuagadas erróneamente

Detección error:

Control: X

Solución: Mejora de conmutador de límite

Alarma:

Mejora clave: Util modificado para garantizar proceso correcto

Descripción del proceso: Las piezas mecanizadas reciben un enjuagado preliminar, excepto las piezas revestidas con preservativos. Las piezas se trasladaban al área de enjuagado en cestas, algunas de las cuales tenían terminales de detección de "no lavado" montadas en ellas, que se detectaban por un conmutador de límite antes del enjuague.

Antes de mejora:

Las cestas posicionadas hacia el lado izquierdo del transportador no tropezaban el conmutador de límite, incluso aunque tuviesen terminales indicadores de "no lavado". Por otro lado, las cestas posicionadas en el lado derecho a veces excitaban el conmutador de límite de "no lavado" aunque no tuviesen montado el terminal indicador del "no lavado", y, por lo tanto, deberían haberse lavado.

Después de mejora:

Se ha modificado el conmutador de límite de forma que detecta un terminal de "no lavado" incluso aunque la cesta esté en el lado izquierdo del transportador. El conmutador también se ha montado en un resorte articulado, de forma que si la cesta baja por el lado derecho del transportador, solamente se tropieza y activa por un terminal de "no enjuagar". Si una cesta baja por ese lado sin terminal detector, bordea sobre el mecanismo entero del conmutador en vez de tropezarlo, y las piezas se enjuagan como debe hacerse.

cesta

terminal detección "no lavado"

conmutador límite

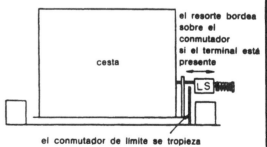

cesta

el resorte bordea sobre el conmutador si el terminal está presente

el conmutador de límite se tropieza y activa con seguridad, usando el plato lateral como referencia

● *Ejemplo 232*

Proceso: Limpieza tanques de almacenaje   **Prevención error:** X   **Parada:**

Problema: Limpieza de tanques erróneos   **Detección error:**   **Control:** X

Solución: Añadir llaves no intercambiables al circuito de control del proceso de limpieza   **Alarma:**

Mejora llave: Procedimiento modificado para garantizar proceso correcto

Descripción del proceso: Los tanques vacíos se limpian en su emplazamiento. Un trabajador opera un tablero de control para conmutar el circuito del tanque a limpiar.

Antes de mejora:

El operador determinaba visualmente qué tanque había que limpiar, haciendo entonces la conexión correspondiente en el tablero de control. A veces, la conexión se hacía inadvertidamente para un tanque erróneo. El tanque no vacío terminaba de llenarse con agua, arruinando el contenido.

Después de mejora:

Cada conexión en el tablero de control está protegida por una llave de conmutación. Cada tanque tiene su propia llave, con un perfil distintivo y almacenada en un soporte perfilado en correspondencia en el tanque. La llave ajusta solamente en su conmutador en el tablero de control y no puede volverse a colocar en un tanque erróneo. Para iniciar el proceso de limpieza **in situ**, el trabajador toma la llave del tanque a limpiar y la inserta en el orificio para la misma en el tablero. Es ahora imposible iniciar la limpieza de un tanque erróneo.

tanques

se llena
el tanque
equivocado

tanque
a
limpiar

conmutador selector

panel de control

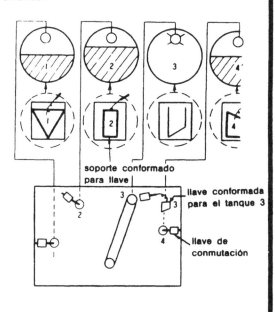

soporte conformado
para llave

llave conformada
para el tanque 3

llave de
conmutación

Problemas misceláneos

● *Ejemplo 233*

Proceso: Deslizamiento de botones de control en cassettes de cintas

Problema: Suciedad creada por fricción entre cápsulas de metal de los botones contra el chasis de plástico

Solución: Cambiar contacto metal/plástico por plástico/plástico

Mejora llave: Pieza modificada para protegerla de daño

Prevención error: X

Detección error:

Parada:

Control: X

Alarma:

Descripción del proceso: La cassette de cintas se diseñó con cápsulas de aluminio sobre los botones de control.

Antes de mejora:

Se creaba una fina suciedad cuando la cápsula de aluminio del botón se rozaba con la guía moldeada en plástico. La aplicación de grasa era una solución insatisfactoria porque era negra y llevaba tiempo aplicarla cuidadosamente.

Después de mejora:

Se han cambiado las formas del botón y la guía, de forma que solamente se mueven unas contra otras piezas de plástico. La suciedad se ha eliminado y no se requiere la operación de engrase.

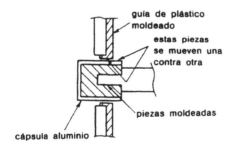

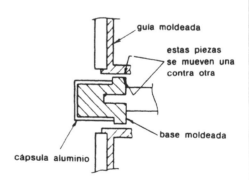

● *Ejemplo 234*

Proceso: Engrase de accesorio de apoyo en cassettes de cintas

Prevención error: X

Parada:

Problema: Engrase en polea cinta

Detección error:

Control: X

Solución: Instalar tope en pincel engrase de forma que no pueda engrasarse la cinta

Alarma:

Mejora clave: Util modificado para garantizar proceso correcto

---

Descripción del proceso: Un accesorio de apoyo en un mecanismo de cassettes de cintas se engrasa con grasa blanca, aplicada con un pincel. Sin embargo, si la grasa accidentalmente alcanza la polea o la cinta, el mecanismo de autoparada no trabajará.

Antes de mejora:

No obstante la vigilancia de trabajadores entrenados, la grasa a veces alcanzaba la cinta de poleas, causando defectos.

Después de mejora:

Se ha ajustado un tope en el pincel de forma que éste no puede correr todo el espacio hasta alcanzar la cinta. La grasa ya no llega ahora a la cinta, y se han eliminado los fallos del mecanismo de autoparada. La adición del tope facilita que el trabajo lo hagan igualmente bien trabajadores veteranos o nuevos.

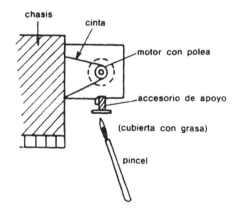

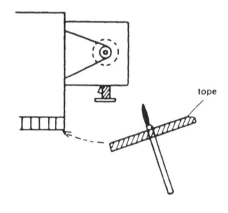

• *Ejemplo 235*

Proceso: Fundición

Problema: Calibres de presión no fiables

Solución: Instalar calibres de presión redundantes para comparación

Mejora clave: Util modificado para hacer test adicional

Prevención error:

Detección error: X

Parada:

Control: X

Alarma:

Descripción del proceso: Cuando se fundían productos con una gran máquina de fundición, cambios indeseables en las condiciones de la máquina podían generar coqueras y otros defectos. Calibres de presión se han instalado en localizaciones clave para monitorizar el proceso de fundición y el estado de la máquina.

Antes de mejora:

Se había instalado un calibre de presión en cada máquina a medir, pero si un calibre daba una lectura de condición no estándar, era difícil determinar si era el proceso o el calibre lo que fallaba.

Después de mejora:

Dos calibres de presión se han instalado en el mismo paso en cada localización a medir. El operador puede determinar rápidamente la fiabilidad de las lecturas de los calibres comparándolas.

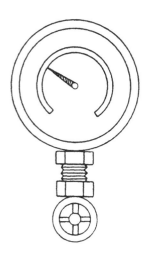

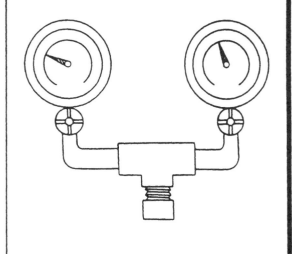

● *Ejemplo 236*

Proceso: Soldadura   **Prevención error:**   **Parada:**

Problema: Omisión soldadura   **Detección error:** X   **Control:** X

Solución: Selección mecánica de piezas no procesadas   **Alarma:**

Mejora clave: Canaleta modificada para retirar piezas defectuosas

Descripción del proceso: Se soldaban ejes a patas en una máquina de soldadura automática. A veces, por una u otra razón, la máquina no soldaba las piezas. Las patas no soldadas tenían que separarse de las soldadas antes del montaje.

Antes de mejora:

Un trabajador estaba especialmente asignado a la tarea de retirar las patas no soldadas. Aun así, a veces las piezas defectuosas seguían adelante conduciendo a montajes defectuosos, y se habían recibido quejas de los usuarios.

Después de mejora:

Utilizando el hecho de que las patas no soldadas no llevan lógicamente adherido el eje, se ha desarrollado un brazo selector que retira mecánicamente las piezas defectuosas de la línea de transporte.

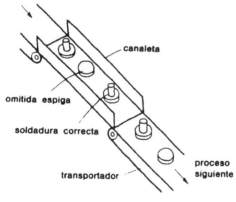

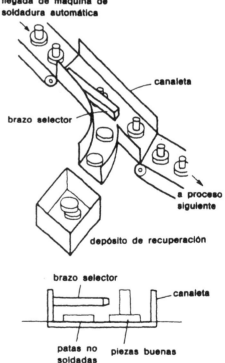

● *Ejemplo 237*

Proceso: Tratamiento químico de film de plástico

Problema: Parada para recarga después de rotura del film

Solución: Detectar desgarros lo suficientemente pronto como para evitar paradas de la máquina

Mejora clave. Proceso modificado para proteger de daño a la pieza

Prevención error: X

Detección error:

Parada: X

Control:

Alarma:

Descripción del proceso: El film de plástico se somete a un proceso químico continuo. El proceso tiene lugar en un baño químico a elevada temperatura. Para reparar el film que se rompe dentro del proceso, es necesario esperar que la máquina se enfríe antes de abrir el baño químico. A menudo se producen fisuras y roturas en el film en los rodillos alimentadores justo antes de entrar en la máquina. Si el film entra con esas fisuras en la máquina, es probable que se romperá, produciendo una parada en el proceso mientras se recarga la máquina.

Antes de mejora:

Cuando ocurren cortes o roturas, la máquina tiene que parar y recargarse, causando largas pérdidas de tiempo de proceso.

Después de mejora:

Se han instalado tres sensores fotoeléctricos al lado de los rodillos de alimentación para detectar cortes y grietas. Cuando se detecta esto, paran tanto la alimentación de film como la máquina de proceso. El film se repara antes de que entre en la máquina. Se ha reducido a un mínimo el tiempo de parada para recarga de la máquina.

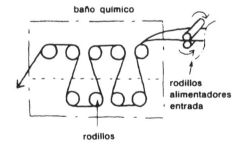

baño químico

rodillos alimentadores entrada

rodillos

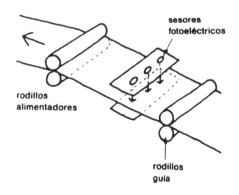

sesores fotoeléctricos

rodillos alimentadores

rodillos guía

● *Ejemplo 238*

Proceso: Varios

Problema: Varios

Solución: Uso de espejos para mejora

Mejora clave: Varias

Prevención error: X

Detección error: X

Parada:

Control: X

Alarma: X

Descripción del proceso: Una variedad de situaciones y procesos se han mejorado con el uso de diferentes clases de espejos.

Antes de mejora:

Se había concedido muy poca importancia a los espejos hasta que un trabajador propuso algunas mejoras utilizando espejos de mano. Esto condujo a una investigación más amplia sobre el uso de espejos en la planta.

Después de mejora:

Ejemplos del uso de espejos para mejoras.

Evitar errores cuando un incrementado número de máquinas automáticas se asigna a un trabajador.

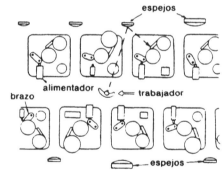

son buenos los espejos convexos

Chequeo de la superficie inferior del útil superior

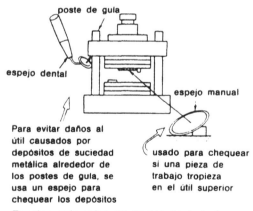

Para evitar daños al útil causados por depósitos de suciedad metálica alrededor de los postes de guía, se usa un espejo para chequear los depósitos

usado para chequear si una pieza de trabajo tropieza en el útil superior

Espejos colocados en cruces en toda la planta no solamente evitan colisiones de personas y vehículos, sino que también evitan daños a personas, especialmente cuando se conducen materiales

son buenos los espejos convexos

Evitar errores en operaciones causados por filos desgastados o rotos o punzones agrietados.

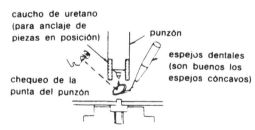

chequeo de la punta del punzón

espejos dentales (son buenos los espejos cóncavos)

● *Ejemplo 239*

Proceso: Retirar unos pocos productos cada día de una línea

Problema: Plantilla soporte auxiliar no retirada

Prevención error: X

Detección error:

Parada:

Control:

Solución: Hacer que la plantilla por sí misma recuerde a los trabajadores que necesita retirarse

Mejora clave: Plantilla modificada para garantizar proceso correcto

Alarma: X

Descripción del proceso: Unas pocas veces cada día los trabajadores utilizan un transportador manual para retirar productos de la línea de producción. Para estos productos especiales una plantilla auxiliar se coloca sobre el transportador. Después de que los productos se han retirado de la línea, la plantilla auxiliar tiene que retirarse antes de que el producto entre en el proceso siguiente.

Antes de mejora:

La plantilla auxiliar se montaba en una posición en la que era difícil de ver, y su color era el mismo que los objetos circundantes. Como la operación se realizaba solamente unas pocas veces al día, el trabajador olvidaba a veces retirar las plantillas auxiliares una vez apartados los productos de la línea de producción y las plantillas continuaban circulando por los procesos siguientes. Para resolver este problema, las plantillas se pintaron de rojo para que se vieran mejor, pero todavía continuaban los fallos.

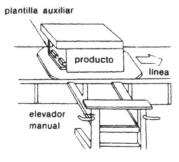

plantilla auxiliar

producto

línea

elevador manual

Después de mejora:

Requiere muy poco tiempo todo el proceso de montar la plantilla auxiliar, retirar los productos de la línea y retirar la plantilla auxiliar. Por tanto, se han instalado en la plantilla auxiliar un microconmutador, una batería y un timbre. El timbre se pone a sonar tan pronto como la plantilla está en su sitio con un producto encima, y no es posible que el trabajador que la usa mientras suena el timbre lo ignore. Gracias a esta mejora, los trabajadores ya no olvidan ahora retirar las plantillas.

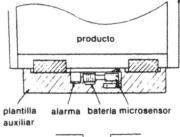

producto

plantilla auxiliar   alarma batería microsensor

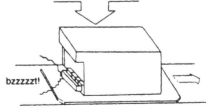

bzzzzzt!

● **Ejemplo 240**

Proceso: Mover mercancías con una grúa de pórtico

Problema: Balanceo peligroso de cargas

Prevención error: X

Detección error:

Parada:

Control: X

Solución: Parar la grúa gradualmente al final del recorrido

Alarma:

Mejora clave: Útil modificado para protegerlo de daño

Descripción del proceso: Una grúa de pórtico se empleaba para trasladar materiales a través de una sección de la fábrica.

Antes de mejora:

Topes mecánicos estaban montados en los extremos de los railes, a través de los cuales se desplazaba la grúa. Algunas veces, cuando la grúa se desplazaba a mayor velocidad o en trayectos cortos, tropezaba contra los topes con alguna violencia. Esto causaba balanceos en la carga, resultando situaciones peligrosas.

Después de mejora:

Se ha montado un conmutador de límite en la grúa, y accesorios de contacto en los railes justo antes de los topes. Cuando el conmutador de límite de la grúa tropieza con los accesorios de contacto, el motor de la grúa para, y la grúa continúa moviéndose solamente por la fuerza de la inercia. La grúa ya no choca violentamente con los topes por moverse a velocidad excesiva. Esto mitiga los choques y previene el balanceo de cargas sin vigilancia especial del operador.

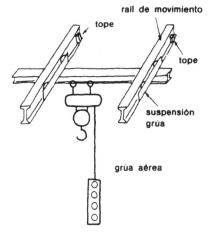

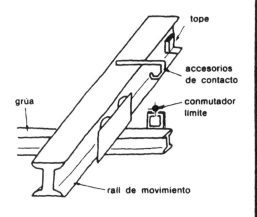

Formato de mejoras poka-yoke

Espero que ustedes —personas individuales, así como grupos de estudio— activamente analizarán, utilizarán, copiarán, adaptarán, multiplicarán y mejorarán las ideas compiladas aquí. En la página siguiente hay un formato en blanco que pueden fotocopiar. Utilícenlo para registrar sus propias ideas.

● *Ejemplo*

Proceso:

Problema:

Solución:

Mejora clave:

Prevención error:

Detención error:

Parada:

Control:

Alarma:

Descripción del proceso:

Antes de mejora:

Después de mejora:

Indices

Indice de operaciones, procesos y problemas

*For Product Safety Concerns and Information please contact
our EU representative GPSR@taylorandfrancis.com Taylor & Francis
Verlag GmbH, Kaufingerstraße 24, 80331 München, Germany*

T - #0114 - 230425 - C0 - 280/208/16 - PB - 9788487022739 - Gloss Lamination